Anke Girod

Smilli Green und das zauberhafte Fräulein PurPur

ANKE GIROD

Smilli Green

UND DAS
ZAUBERHAFTE FRÄULEIN PURPUR

Mit Illustrationen von
Florentine Prechtel

cbj

Inhalt

Für alle, die wissen, dass man mit Fantasie und Kreativität
ein Stück Welt retten kann.
Anke Girod

Flohmarkt-Fund

»Achtung, Smilli, da steht eine ...!«, rief Nick noch, dann hielt er sich die Ohren zu. Zu Recht, denn jetzt schepperte es ohrenbetäubend.

Mit knallrotem Kopf stellte Smilli die alte Stehlampe mit dem Messingschirm wieder auf und warf der Flohmarkt-verkäuferin einen entschuldigenden Blick zu. Glücklicher-weise zuckte die junge Frau nur lässig mit den Schultern und meinte: »Schon gut! Das olle Ding hatte eh schon Del-len!«

Erleichtert sah Smilli ihren Freund an. Langsam liefen sie weiter an den eng gestellten Flohmarktständen entlang. Nick kratzte sich nachdenklich im dunklen Haarschopf. »Sag mal, was ist bloß los mit dir? Eben habe ich dich dreimal was ge-fragt, ohne dass du geantwortet hast. Dann hast du gerade versucht, mit einem Strohhalm deinen Muffin zu trinken, und jetzt rennst du hier den halben Flohmarkt um. Irgendwas stimmt doch nicht mit dir.«

Smilli zuckte mit den Schultern. Jetzt musste sie es wohl zugeben. »Gestern Nachmittag ist mir klar geworden, dass Mamas Laden, unser schönes Fräulein PurPur, nicht mehr richtig läuft. Seit einiger Zeit kommen nur noch ganz wenige Kunden. Und meistens ist meine Mutter total bedrückt. Aber mir erzählen will sie nichts. Und dann muss nachher wieder alles ganz schnell gehen...«

»Waaas?« Nick schluckte. »Was meinst du damit?«

Smilli ließ sich kraftlos auf den Bordstein zwischen zwei Ständen sinken. Traurig sah sie zu Nick hoch.

Dieser Blick genügte.

»Was? Nein, das kann nicht dein Ernst sein!«, rief Nick empört. »Das kann doch nicht alles umsonst gewesen sein! Euer Unverpacktladen ist der Hammer! Genau so was brauchen wir hier! Ach was, das brauchen wir eigentlich überall! Sonst werden wir das ganze Plastikproblem nie los.« Nick hockte sich neben Smilli. »Und deine schönen selbst gemachten Kräuter-Handcremes, deine Kräuterbonbons und überhaupt dein riesiges Kräuterbeet... Wehe, ihr gebt das alles nach gerade mal einem halben Jahr auf und zieht schon wieder um!«

»Das will ich doch auch auf keinen Fall!«, murmelte Smilli kaum hörbar. »Ich würde es woanders gar nicht mehr aushalten. Ich liebe mein Beet und das Café und den Laden schon viel zu sehr und Katerchen Knatter ist hier so glücklich wie noch nie... na ja, und du würdest mir auch ganz schön fehlen.« Smillis Augen blitzten feucht, als sie Nick ansah.

»Ach komm!« Ihr Freund sprang auf und griff nach ihrer Hand, um sie hochzuziehen. »Mir ist noch nichts aufgefallen. Vielleicht bildest du dir das auch nur ein, weil du schon so oft überraschend umziehen musstest.«

In diesem Moment weiteten sich Smillis Augen. Wortlos riss sie sich los und schlängelte sich zielstrebig durch den Besucherstrom zum gegenüberliegenden Flohmarktstand. Der schmale Tisch war mit allerhand kitschigen Dekoartikeln rund ums Meer beladen: bemalte Leuchttürme aus Gips, kleine Bilderrahmen mit Fischen und große Schneekugeln mit Segelbooten darin. Und dann klemmte da zwischen zwei alten Schiffsleinen noch ein Kästchen, das so unscheinbar, rostig und schnörkellos war, dass es gar nicht so recht zu der übrigen Ware passen wollte. Es war jedoch der zerknitterte Zettel an dem Kästchen, der Smillis Blick fesselte. »Besonderer Kräutersamen«, stand darauf.

Dass Nick hinter Smilli herstolperte und rief: »Was'n nu

los?«, hörte sie kaum. Vor dem Stand mit dem merkwürdigen kleinen Mann in Kapitänsuniform blieb sie stehen.

»Na, junge Dame!«, begrüßte der alte Verkäufer sie mit tiefer, rauer Stimme. »Interessierst du dich für meine schönen Schneekugeln? Zwei Euro das Stück!«

»Nein, ich – äh...« – Smilli räusperte sich – »wollte eigentlich wissen, was für einen Kräutersamen Sie da drin haben.«

»Ach das...« Der alte Mann wurde plötzlich verlegen. »Das ist nichts für dich. Das ist ja nicht einmal was für mich. Deshalb will ich es ja auch verkaufen. Das ist wirklich nur was für ganz besondere Pflanzenkenner.«

»Aber das ist Smilli ja!«, entfuhr es Nick, der neben sie trat.

»Haha, nein«, lachte der Mann und warf Smilli einen kurzen, prüfenden Blick zu. »Der Samen ist nichts für ein Kind.« Dann sah er sich unauffällig um und senkte seine Stimme, bevor er weitersprach: »Ich habe dieses Kästchen mit dem alten Samen darin unter etwas merkwürdigen Umständen erhalten.« Er räusperte sich, so als wäre es ihm peinlich weiterzusprechen. »Äh, ja, also von meiner Großmutter, die behauptet hat, der Samen wäre etwas ganz Besonderes – etwas außergewöhnlich Besonderes. Ich, äh, kann mir das eigentlich auch nicht so recht erklären, was das sein soll. Aber ich

musste ihr kurz vor ihrem Tod hoch und heilig versprechen, dass ich jemanden dafür suchen werde, der würdig ist, dieses Samenkorn zu besitzen, und es vielleicht zum Leben erwecken kann. Und der die angeblich besondere Fähigkeit des Samens verstehen und nutzen kann. Dann wären die ganzen Jahre des Züchtens und Versteckens nicht umsonst gewesen, hat sie gemeint.«

»›Jahre des Versteckens‹ ... ›besondere Fähigkeit‹?«, wiederholte Nick ungläubig.

»Ja, angeblich hat meine Großmutter den Samen für einen von ihr hochverehrten Pflanzenmann versteckt, weil jemand anderes hinter dem Samen her gewesen ist. Leider ist der Pflanzenmann dann viel zu früh verstorben und so hat sie ihm das Kästchen nicht mehr zurückgeben können. Umso wichtiger war ihr, dass der Samen in die richtigen Hände kommt.«

Smilli blieb der Mund offen stehen. Bisher war es ihr gelungen, fast jeden Samen zum Leben zu erwecken. Nicht umsonst nannte Nick sie manchmal »die Pflanzenflüsterin«, wenn er dachte, sie hörte es nicht.

Wie konnte sie bloß diesen Mann davon überzeugen, dass sie die Richtige war? Sie war ja bloß ein Kind. Aber sie wollte diesen Samen unbedingt haben. Eine Pflanze mit einer besonderen Fähigkeit – das klang spannend! Und wenn sie darüber nachdachte, dann konnte sie so etwas gerade jetzt sogar besonders gut gebrauchen! Pflanzen waren ihr Ding. Damit hatte sie bisher noch fast alles wieder in Ordnung bringen können …

Nick hatte ihren Blick beobachtet. Er wandte sich an den alten Kapitäns-Verkäufer: »Wenn Sie nicht glauben wollen, dass meine Freundin ein Pflanzenprofi ist, dann kann sie Ihnen ja mal zeigen, was sie drauf hat.«

Smilli wurde blass und stieß Nick in die Seite. Wie sollte das denn gehen?

Doch ihr Freund ließ sich nicht beirren und sagte so laut, als sei er der Moderator einer Fernsehshow: »Smilli, ich nenne dir jetzt nacheinander sechs Kräuter und du sagst mir deren lateinischen Namen, ohne irgendwelche Hilfsmittel.«

Smilli schluckte, nickte aber. Das könnte klappen.

»Also: Kamille, Fenchel, Lavendel, Pfefferminze und, äh, Baldrian.«

Smilli musste nicht lange überlegen. »Die heißen auf Lateinisch: Matricaria chamomilla, Foeniculum vulgare, Lavandula angustifolia, Mentha piperita und Valeriana!«, rief sie. Das war leicht gewesen, weil sie sich mit diesen Kräutern viel beschäftigt hatte. Die hatte sie sogar schon selbst gezüchtet und in ihr Beet gepflanzt. Und sie hatte vor Kurzem alles darüber in ihrem neuen Kräuterlexikon gelesen. Sie liebte diese geheimnisvoll klingenden botanischen Pflanzennamen.

»Bitte?« Nun stand dem Kapitän der Mund offen. »Unfassbar, wie du dich auszukennen scheinst. Ja, also zufällig soll dieser Samen laut meiner Großmutter eine Kreuzung zwischen Lavendel, Baldrian und äh – einem dritten Kraut sein.« Seine Miene wurde etwas weicher. Dann kniff er die Augen zusammen und beugte sich über den Verkaufstisch. »Vielleicht werdet ihr ja aus der ganzen Sache schlauer als ich mit meinen Pflanzen-Zerstörungsfingern«, flüsterte er. »Ich habe ja nicht einmal den Spruch verstanden, der in das Kästchen geritzt ist. Obwohl ich ihn mir mehrmals übersetzt habe...«

Smilli wollte gerade nach dem Spruch fragen, da drängte von hinten eine Gruppe lachender Erwachsener an den Tisch und eine Frau rief: »Hier gibt es doch tatsächlich die guten alten Schneekugeln mit Booten darin. Damit decke ich jetzt unseren gesamten Segelclub ein. Wir wollen alle Kugeln haben, bitte!«

Der alte Kapitän schien höchst erfreut. Mit einer schnellen Bewegung reichte er Smilli das alte Samenkästchen über den Tisch und murmelte: »Ich habe so ein Gefühl, dass meine Großmutter dich gemocht hätte. Hier, nimm schon! Dann bin ich das merkwürdige Ding wenigstens los! Wer weiß, vielleicht ist das Ganze sowieso nur wieder so ein komisches Märchen meiner Großmutter... Davon hat sie immer gerne viele erzählt!« Mit einem Handwedeln scheuchte er Smilli und Nick vom Tisch weg, damit sie Platz für seine Schneekugelkundinnen machten.

Smilli packte das Kästchen und dann rannte sie mit Nick durch die engen Gassen des Flohmarkts davon. Als Nick über eine Bordsteinkante stolperte, zog Smilli ihn hastig weiter. Nicht, dass der Verkäufer es sich noch anders überlegte...

2
Geheimnisvolles Korn

Sie galoppierten so schnell durch die Straßen, dass Smillis lange, weißblonde Haare wie ein Pferdeschweif hinter ihr herwehten. Als endlich die Häuser immer weniger, die Bäume immer höher und Smillis Freude über den Samen immer größer geworden war, hatten sie den Rand des kleinen Ortes erreicht. Schnaufend bogen sie in die Sackgasse ein, an deren Ende ihr Haus lag. Smilli sah, dass ihre Mutter schon die rot-weiß gestreifte Markise über den vielen Obstkisten vor dem Fräulein PurPur ausgefahren hatte. Damit sah das hübsche alte Haus immer aus, als würde es lächeln, fand Smilli. Was wohl auch daran lag, dass sich die Seiten der Markise durch einen Sturmschaden leicht nach oben gebogen hatten. Sie beschloss, nicht durch den Laden ins Gartencafé zu gehen, sondern lieber den Weg außen herum zu nehmen. Smilli hatte keine Lust, ihrer Mutter jetzt mit dem

Kästchen über den Weg zu laufen und ihre neugierigen Fragen beantworten zu müssen. Die Krautgeschichte vom alten Kapitän war genau von der Sorte, bei der ihre Mutter fürchten würde, Smilli wäre jetzt vollkommen krautverrückt geworden. Das musste ja nicht sein.

Ihr Kater Knatter kam ihnen schon schnurrend entgegen und begleitete sie zu einem der hübschen verschnörkelten Tische im Gartencafé. Das Café war noch leer, weil es in den Sommerferien erst nachmittags öffnete. Nur ein angenehmer Kräuterduft aus Smillis großem Beet sowie der Geruch von frisch gemähtem Sommergras lagen in der Luft. Aber Smilli hatte nur Augen für das Kästchen in ihrer Hand. Endlich konnte sie es öffnen! Hoffentlich war das nicht nur versponnenes Seemannsgarn gewesen, was der alte Kapitän erzählt hatte!

Der Deckel ließ sich schwer anheben und er knarzte, als wäre er lange nicht bewegt worden. Tatsächlich, da war eine Inschrift! Smillis Augen wurden kugelrund.

Nick fand zuerst seine Sprache wieder. »Sieh mal!«, murmelte er und zeigte auf die seltsamen Schriftzeichen im Deckelinneren. Sie sahen so ähnlich aus wie eine Anhäufung der Vokale a, e, i, o, u.

»Puh, ich verstehe kein Wort!«, meinte Smilli.

»Was für eine Sprache ist das? Der Kapitän hatte das doch ins Deutsche übersetzt, aber auch kein Wort verstanden, stimmt's?« Nick sah Smilli grübelnd an. Doch Smilli betrachtete bereits fasziniert den winzigen, dunkellilafarbenen, runden Samen im Inneren des Kästchens. Ihre Wangen begannen zu glühen und Nick wusste, dass sie gerade wieder in ihr »Krautfieber« geriet. So zumindest nannte er es, wenn sie vor Begeisterung über etwas Neues in ihrer Kräuterwelt alles andere vergaß.

»Ich muss ihn sofort einpflanzen«, wisperte Smilli. »Er sieht fantastisch aus. Und er ist was Besonderes, das fühle ich.«

Nick starrte nun ebenfalls das winzige Samenkorn an. Es erschien ihm allerdings so gar nicht besonders – höchstens besonders unscheinbar. Zweifelnd meinte er: »Der Verkäufer hat doch selbst nicht so recht an die Geschichte seiner Großmutter geglaubt. Und was Besonderes kann es bestimmt nicht!«

»Hoffen darf man ja«, wisperte Smilli und hob das Samenkorn vorsichtig aus dem Kästchen.

»Und was stellst du dir da vor?«, fragte Nick scherzhaft. »Dass die Pflanze später Saltos machen, Toastbrot rösten und Skateboard fahren kann oder was?«

Smilli musste kichern. »Schön wär's! Dann könnten wir so eine Art Pflanzenshow veranstalten und damit viel Geld einnehmen und das Fräulein PurPur retten.«

Bei der Vorstellung, wie er als Showmaster vor den Cafégästen die Pflanze durch einen brennenden Reifen springen ließ, musste Nick ebenfalls kichern.

»Okay, so was wahrscheinlich nicht«, fuhr Smilli fort. »Aber wer weiß! Und jetzt muss ich dieses hübsche kleine Ding erst mal in frische Kräutererde bringen, sonst passiert sowieso nichts!« Smilli eilte zu ihrem Bastelregal unter der Holzveranda des Gartencafés. Geübt zog sie einen Blumentopf sowie einen Sack mit Erde heraus. Aus ihrem gepunkteten Beetwerkzeuggürtel, den ihre Mutter ihr aus festem Leinen geschneidert hatte und den sie immer um die Hüften trug, zog sie einen Löffel. Behutsam setzte sie das neue Samenkorn in die Erde und drückte die oberste Schicht zart an. Dann brachte sie den Topf nach oben in ihr Zimmer. Dort träufelte sie ein paar Tropfen Wasser mit einer Pipette

19

auf die Erde und stellte den Topf anschließend in die Wärme ihres kleinen Treibhauses auf der Fensterbank. Smilli seufzte. Nun hieß es Daumen drücken, dass das Kraut sich nicht allzu viel Zeit mit dem Wachsen ließ. Der Samen hatte zwar eine tolle Farbe, aber leider hatte er auch schon etwas vertrocknet ausgesehen, das musste sie zugeben.

Als Smilli wieder in das Gartencafé hinaustrat, hatte Nick bereits seine Steinsammlung aus dem Rucksack genommen und auf dem Cafétisch ausgebreitet. Gerade war er dabei, seine Stifte sorgfältig nach Farben zu sortieren. Warme Sonnenstrahlen, die durch die Zweige der Bäume fielen, schienen auf den Tisch und ließen die bunten Farben der Steinmaler aufleuchten. Smilli blieb stehen. Sie liebte diesen Anblick. Nick und das Gartencafé. In diesen Sommerferien hatten sie bereits unendlich viel Zeit hier zusammen verbracht. Smilli hatte große Büschel von schönen Kräutern gezüchtet und ihr Beet bepflanzt, das nun das köstlich duftende Herzstück des Gartencafés war. Sie hatten literweise leckeren, selbst gemachten Eistee getrunken und mit Smillis rot getigertem Kater gespielt. Und wenn Nick auch manchmal über seine eigenen Füße stolperte, so hatte er dafür äußerst geschickte Finger und konnte toll zeichnen und schreiben. Kein Stein war vor ihm sicher. Besonders schön fand Smilli die flachen weißen Steine, die er schwungvoll mit Kräuternamen für ihr Beet beschriftete. Bei allem, was sie taten, unterhielten sie sich natürlich immer ausgiebig. Smillis Mutter hatte sie deshalb bereits »die größten Plaudertaschen der Welt« getauft und war fest davon überzeugt, dass sie damit noch ins Guinness-Buch der Rekorde kämen: »Die beiden einzigen Kinder, die wochenlang durchquatschen konnten ohne eine einzige Unterbrechung.« Aber Smilli und Nick fanden das übertrieben. Denn hin und wieder machten sie durchaus eine Pause. Zum Beispiel, wenn einer auf die Toilette musste oder essen oder so. Sie hatten sich eben immer viel zu erzählen. Die Welt war einfach megaspannend – jedenfalls immer dann, wenn sie zusammen waren!

Smilli seufzte. Sie musste mit allen Mitteln versuchen, den Laden und das alles hier zu behalten!

3
Lamas im Kleinformat?

Plötzlich drang ein höchst merkwürdiges Geräusch durch die Stille.

»Wwhähähä ... wwhähähä ...!«

»Da wiehert oder schreit etwas vor dem Café!« Smilli sah Nick erschrocken an.

»Ist das etwa schon wieder dein Bruder?«, rief ihr Freund.

Wenn es Probleme gab, steckte meistens Smillis kleiner Bruder Pepe dahinter. Doch so merkwürdige Geräusche konnte nicht einmal dieser fünf Jahre alte Knirps von sich geben, egal wie einfallsreich seine Streiche auch oft waren.

»Nein, ich glaube, das ist wirklich ein Tier!«, rief Smilli.

»Ein Tierbaby vielleicht ... Knatter ist schon ganz unruhig!«, ergänzte Nick.

Tatsächlich, jetzt sah Smilli es auch. Ihr Kater hatte einen siebten Sinn für Tierbabys in Not. Seit sie hier aufs Land gezogen waren, hatte er das schon ein paarmal bewiesen. Gerade lief Knatter aufgeregt auf dem Rasen vor dem Eingang auf und ab. Nun veränderte sich der Laut in ein klagendes Summen.

Smilli eilte zu dem verschnörkelten Tor des kleinen Gartencafés. Hastig schloss sie es auf.

Oh nein! Smilli blinzelte ungläubig. Vor ihr lag ein wolliges Alpakababy in den Armen eines Mannes, dessen Gesicht von Lachfalten zerfurcht war. Jetzt gerade allerdings blickte er besorgt. »Moin, moin, entschuldige, dass ich hier so früh morgens auftauche. Aber man hat mir gesagt, dass du eine große Kräuterzucht besitzt und dich mit Heilkräutern auskennst?«

Smilli wurde rot. Na ja, das stimmte zwar irgendwie. Aber dachte der Mann ernsthaft, dass sie, die zehnjährige Smilli, ihm helfen konnte? Sie war ja keine Tierärztin – auch wenn sie später am liebsten eine werden wollte. Eine, die nicht nur starke Medizin, sondern auch die Kraft von Kräutern einsetzte.

Als hätte der Mann ihre Gedanken gelesen, sagte er schnell: »Keine Angst, bei meinem Tierarzt war ich schon. Er hat mir empfohlen, dass ich mir frischen Fenchel besorge. Aber mein Kräuterlieferant hat gerade keinen... Ich bin übrigens Anton Blümelein, euer neuer Nachbar. Ich ziehe gerade mit meiner Alpakazucht dort drüben ein.« Er deutete auf das schöne alte Bauernhaus, das ein paar hundert Meter entfernt stand. Dann sah er wieder auf das Tierbaby. »Das hier ist mein Sorgenkind Wollpi. Ihre Mutter hat nicht genug Milch für sie und deshalb ziehe ich sie zusätzlich mit der Flasche auf. Aber sie scheint immer wieder Bauchschmerzen zu haben und weint dann vor sich hin.«

Als hätte das Alpaka Herrn Blümelein verstanden, wurde sein Summen wieder lauter und es begann, mit den Vorderbeinen zu zappeln. Kater Knatter rückte ein Stück näher. Und als das strampelnde Alpaka Herrn Blümelein aus den Armen glitt und auf seinen kleinen Hufen landete, begann der Kater augenblicklich zu schnurren. Er rieb sein Köpfchen an den dünnen Beinen des Tiers und umschnurrte es lautstark. Dabei machte er seinem Namen alle Ehre: Sein Schnurren hörte sich so brummig und gemütlich an wie das Knattern einer alten Heizung. Das Alpakababy wurde ruhig und streckte dem Kater seine weichen Nüstern entgegen. Zart schnaufte es ihm ins Ohr.

»Oh!«, rief Herr Blümelein überrascht. »So schnell lässt sich Wollpi sonst nicht beruhigen Du hast hier wohl ein schnurrendes Naturtalent!«

Smilli schmunzelte. Ihr Kater war etwas Besonderes, das fand sie auch. Für sie war er das liebste und gutmütigste Tier, dem sie je begegnet war. Seit sie hier wohnten, kümmerte er sich nicht nur um verwahrloste Katzenbabys, sondern auch um etwas größere Tierbabys. Smilli hatte sogar mal gesehen, wie er zärtlich die Ohren eines Kälbchens ableckte, dessen Mutter verstorben war.

Als Nick ihr einen leichten Knuff in die Seite versetzte, fiel Smilli endlich wieder die Bitte des Nachbarn ein: »Ach ja, der Fenchel!«, rief sie und eilte zu ihrem Kräuterbeet. Sie zog eine Blumenschere aus dem Werkzeuggürtel. Dann schnitt sie mehrere Büschel von dem fedrigen Kraut ab und schnürte es mit einem Band zu einem Strauß zusammen. Herr Blümelein strahlte, als sie ihm das frische Bündel reichte. Und siehe da, dem Alpakamädchen schien der Duft zu gefallen, denn es senkte gleich seine zarte Schnauze in die Krautstängel. Herr Blümelein lachte. »Wollpi, du kleine Genießerin. Lass noch etwas übrig, dann kann ich dir daraus einen schönen Tee kochen. Ein bisschen davon kommt dann in deine Milch. Und schwuppdiwupp hört das Gluckern im Bauch hoffentlich auf!«

Kater Knatter umschnurrte weiter Wollpis Beine, während Nick und Smilli nun das flaumweiche Fell am Rücken des

Tierbabys streichelten. Als Herr Blümelein das wollige Tier schließlich wieder hochhob, um es nach Hause zu tragen, machte Wollpi keinen Mucks mehr. Zufrieden blinzelte sie mit halb geschlossenen Augen unter ihrer wuscheligen Ponyfrisur hervor. Der Alpakafarmer streckte staunend einen Daumen hoch. Während er sich umdrehte, sagte er noch: »Bald sind wir vollständig eingezogen. Kommt uns dann doch besuchen! Für Wollpi scheint ihr ja ein Händchen zu haben und ausgewachsene Alpakas lassen sich gerne spazieren führen.«

Smilli kicherte. Mit Alpakas herumspazieren? Diese Tiere sahen aus wie wollige Lamas im Kleinformat. Und die sollte man Gassi führen wie Hunde?

Aber über den neuen Nachbarn mit den lustigen Ideen freute sie sich trotzdem. Jetzt hatten sie eine echte Alpakafarm mit wuscheligen Alpakababys direkt um die Ecke! Wehe, Smilli durfte nicht hierbleiben!

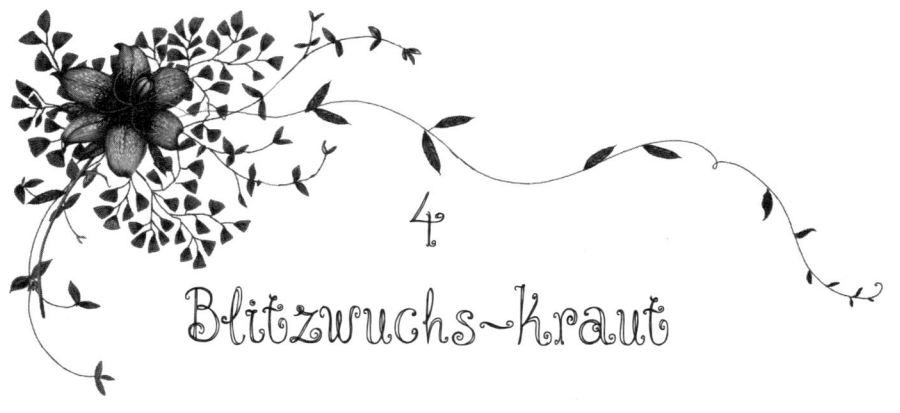

4

Blitzwuchs~Kraut

Wenig später eilte Smilli wieder zu dem neuen Samenkorn nach oben. Sie wusste, dass sie viel zu ungeduldig war. So schnell konnte gar nichts wachsen. Nicht einmal ein Wundersamen könnte das. Doch kaum hatte Smilli das Zimmer betreten, entschlüpfte ihr ein Schrei. Das konnte nicht wahr sein! Da trieb tatsächlich bereits ein langer, grüner Stängel aus der Erde. Er drückte den Deckel des Treibhauses schon ein wenig hoch. Hektisch hob Smilli den Topf heraus und lief damit nach draußen.

»Nick, guck mal!«, rief sie, während sie sich hinkniete, um den grünen Stängel mit den winzigen Wurzeln in ihr Beet zu pflanzen. Stolz trat sie dann zurück und betrachtete das neue Kraut.

»Wow«, rief Nick. »Das ging jetzt aber wirklich schnell!«

Mit strahlenden Augen sagte Smilli: »Allerdings! Ich hole

uns einen Kakao, dann können wir in Ruhe beobachten, ob heute noch was passiert.«

Nick grinste. Wie immer war Smilli besessen von ihrer neuesten Pflanze. Und von dieser natürlich besonders. Nick dagegen versprach sich nichts Besonderes von dem Kraut. In aller Ruhe bemalte er den nächsten Stein.

Mittags reichte Smillis Mutter den beiden etwas zum Picknicken in den Garten raus. Smilli hockte sich mit dem Korb neben das Beet und ließ den Krautstängel auch während des Essens nicht aus den Augen.

Am frühen Nachmittag holte sie einen weiteren Treibhaus-Setzling aus ihrem Zimmer. Als sie zurückkam, um ihn einzupflanzen, verharrte sie plötzlich stocksteif. Ungläubig flüsterte sie: »Nick, guck mal! Als ich weg war, ist dem neuen Kraut eine rosa Blüte gewachsen!«

Nick sah kurz auf und hob anerkennend eine Augenbraue. Er hatte schon ein paarmal erlebt, dass Pflanzen bei Smilli deutlich schneller wuchsen als bei anderen. Aber wenn er ehrlich war, interessierten ihn Kräuter nicht besonders. Er fand sie sogar eher langweilig. Ein bisschen nervte es ihn, dass bei Smilli ihre Kräuter immer im Mittelpunkt standen. An Wunderkräuter glaubte er jedenfalls nicht.

Er runzelte die Stirn. »Um das PurPur zu retten, müssen

wir uns aber etwas anderes einfallen lassen, als besondere Kräuter zu züchten. Vielleicht sollten wir uns mal einen coolen Spruch als Werbung für den Laden überlegen...«

Da schrie Smilli auf: »Jetzt ist sie lila! Guck doch mal! Als ich mich zu ihr hinuntergebückt habe, ist sie leuchtend lilarot geworden! Wow, wie wunderwunderschön!«

Da Nick gerade bei einer kniffligen Stelle in seiner Alpakazeichnung war, konnte er nicht hochsehen. »Vielleicht hat sich das Kraut einfach gefreut, dass du dich so sehr für es interessierst!«, witzelte er.

Smilli starrte ihren Freund an. »Das hier ist so was von überhaupt nicht normal! Jetzt guck doch mal richtig hin, Nick!«

Etwas in Smillis Ton ließ Nick aufblicken. Fassungslos starrte er das neue Kraut an. »Diese Blüte ist ja riesig! Und dieses Lilarot ist der Hammer! Eben war sie doch so verwaschen rosa! Hm, vielleicht mag sie dich...« Verwirrt wuschelte Nick sich durchs Haar. »Aber können Pflanzen jemanden mögen? Dann mochte mich der Kaktus von meiner Tante neulich überhaupt nicht – der ist schneller eingegangen, als ich mit dem nach Hause kommen konnte.« Er holte tief Luft. »Vielleicht ist dies hier eine Art Farbwechsel-Pflanze oder Blitz-Wuchs-Kraut – gibt es so was? Oder ist das vielleicht sogar die besondere Fähigkeit?« Er zeigte auf den Kater, der unauffällig näher gekommen war. »Knatter interessiert sich auch für die neue Pflanze.«

Der Kater hockte sich neben Smilli. Aus seinem runden Gesicht sah er sie liebevoll an. Als er dann jedoch das neue Kraut beschnupperte, blieben Smilli die Worte fast in der Kehle stecken. »Jetzt kriegt die Blüte auch noch leuchtende silberne Flecken!«, krächzte sie.

Nick fiel der Stift aus der Hand. Dann stammelte er bemüht locker: »H-hat wahrscheinlich einen guten Geschmack, diese Pflanze. Knatter ist ja auch wirklich megasüß.«

»Also, eins ist klar«, grübelte Smilli laut. »Dieses Kraut ist etwas Besonderes! Und wir müssen schleunigst herausfinden, was seine besondere Fähigkeit ist. Vielleicht ist die ja so spannend, dass die Leute sich das angucken wollen.« Sie zeigte zu den Tischen rüber. »Hier sind gerade mal zwei Gäste. Wenn wir nicht wieder mehr Kunden bekommen, sind wir geliefert! Mit einem Superkraut können wir vielleicht neue Leute anlocken. Aber es muss mehr können, als bloß die Farbe zu wechseln!« Smilli ließ das Kraut nicht aus den Augen. »Wäre gut, noch einmal das Innere des Kästchens zu untersuchen!«, murmelte sie. »Darin könnte ein Hinweis auf seine Fähigkeit verborgen sein. Du weißt schon, diese Inschrift. Moment mal ... wo habe ich das Kästchen hingelegt? «

Das neue Kraut ragte nun bereits mit seiner tellergroßen Blüte sehr lang und stolz weit über die flachen Kräuter des Beetes hinaus. Knatter rückte noch näher heran und kuschelte sich an den Stängel. Prompt wirkte es, als verwandelte sich die Blüte in ein schimmerndes Silber-Schmuckstück. Nick und Smilli warfen sich ungläubige Blicke zu.

Dann eilte Smilli zu ihrem Bastelregal und wühlte zwischen ihren kleinen Kräuter-Blumentöpfen, Kerzen, Wachsstreifen, Farbtöpfen und gemusterten Bändern. Sie hob Samenpäckchen hoch und schob winzige Handharken zur Seite. Aber so eifrig sie auch suchte, kein rostiges Kästchen kam zum Vorschein.

Eine Stunde später hatten sie auch Smillis gesamtes Zimmer durchsucht – ohne Erfolg. Merkwürdig!

Als sie wieder unten waren, fiel Smillis Blick auf ihr Kräutertagebuch im Bastelregal. Wild entschlossen rief sie: »Dann bleibt uns jetzt nur noch eins: Wir müssen echte Pflanzenforscher werden und selbst dem Geheimnis auf die Spur kommen! Dieses Kraut ist besonders und es kann bestimmt auch was Besonderes! Was steckt hinter seinem Farbwechsel?

Das müssen wir schleunigst herausfinden. Das könnte eine Top-Attraktion werden, für die viele Kunden von weither anreisen ...« Als sie Nicks zweifelnden Blick bemerkte, fügte sie etwas leiser hinzu: »Na ja ... oder so ähnlich ...!«

5

Pflanzenforschung

Smilli schnappte sich das Kräutertagebuch sowie einige Farbstifte und setzte sich mit Nick an einen der Cafétische. »Da muss doch ein Muster dahinterstecken. Bei mir wird sie rotlila, bei Knatter silberfleckig...«

Geübt trug Smilli das Datum der Aussaat, des ersten Triebs und der ersten Blüte in ihre Kräutertabelle ein. Anschließend schrieb sie in ihrer schnörkeligen Handschrift ihre Beobachtungen auf. Sie zeichnete die Blüte dreimal ab und versuchte die unterschiedlichen Farbtöne so gut wie möglich zu treffen.

Kräuter-Forschungsnotiz Nr. 1

Die Blüte des Flohmarkt-Krautes wird riesengroß und verfärbt sich innerhalb weniger Sekunden mehrmals. Dabei wirkt sie manchmal, als würde sie glühen.

* Rosa: So steht sie im Beet.
* Lilarot leuchtend: Ich trete heran.
* Lilarot mit silbernen Flecken:
  Kater Knatter kommt dazu.
* Wie ein Silber-Schmuckstück: Kater Knatter
  kuschelt sich an sie ran.

Smilli war gerade fertig, da trat ihre Mutter aus dem kleinen Laden ins Gartencafé.

»Hey, forschst du wieder, Kräuterprinzessin?« Ihr Blick fiel auf das Beet. »Wow, die Blüte da ist wirklich ein Traum – wieso ist mir die bisher nicht aufgefallen?« Sie lächelte. »Sag mal, hast du noch zwei von deinen kleinen Wachsschüsseln? Frau Senkelhuber hat ihre Behälter vergessen, will aber Erdbeeren und Blaubeeren mitnehmen.«

Smilli suchte aus ihrem Bastelregal zwei kleine Schüsseln heraus. Dankbar nahm ihre Mutter die selbst gemachten Behälter entgegen.

»Vergiss nicht, Pfand zu nehmen, ein Euro das Stück! Für diese Großen habe ich immer zwei riesige Kerzen verbraucht!«, sagte Smilli. Aber im Stillen freute sie sich, dass ihre farbenfrohen Wachsschüsseln so nützlich waren. Am liebsten formte sie die ganz kleinen, in die sie ihre selbst gemachte, gut duftende Handcreme füllte.

»Du bist ein Schatz!« Ihre Mutter eilte zurück in den Laden. Seit sie beschlossen hatte, alle Lebensmittel nur noch unverpackt einzukaufen und zu verkaufen, wirkte ihre Mutter viel glücklicher, fand Smilli. Sie beide hatten inständig gehofft, dass sich das lohnen würde und mehr Kunden bereit waren, in einem Unverpacktladen einzukaufen. Anfangs hatte das auch richtig gut geklappt. Es war Smilli gewesen, die ihre Mutter davon überzeugt hatte, dass es besser war, gleich alle Verpackungen aus ihrem neuen Laden zu verbannen. Und zu diesem Gartencafé mit dem großen Kräuterbeet hatte Smilli sie auch überredet. Smilli war froh, wenn sie überlegte, wie viele Tonnen Plastik sie nun immer einsparten. Das war all die Mühe wert, fand sie. Im Fernsehen hatte sie schon oft etwas über Tiere im Meer gesehen, die sich in weggeworfenem Plastik verfingen, daran verletzten oder es irrtümlich sogar mitfraßen. In der leckeren Meerespfanne ihrer Mutter steckte bestimmt auch schon etwas Plastik... Pfui Teufelskraut aber auch!

Ob sie ihrer Mutter nachher doch mal berichten sollte, was sie mit dieser komischen neuen Pflanze erlebt hatte? Und ihr von ihren Rettungsplänen erzählen? Vielleicht aber auch lieber nicht. Ihre Mutter fand sowieso schon, dass Smilli viel zu viel Zeit mit ihrem Kräuterbeet verbrachte. Smilli wiederum konnte nicht verstehen, wie man diese fantastisch duftenden Pflanzen nicht großartig finden konnte. Zumal man aus ihnen die schönsten Dinge herstellen konnte Tee, Handcremes und SOS-Hilfe für Tierbabys. Tja, und vielleicht hatte dieses neue Kraut sogar wundersame Fähigkeiten... das hoffte Smilli jedenfalls.

Schnell bückte sie sich und pflückte sechs frische lila Blütenstängel von ihrem Lavendel. Sie wollte sie trocknen, um damit ein Lavendelöl für eine neue Handcreme anzusetzen. Diese Cremes zumindest liefen gut im Fräulein PurPur.

Beim Pflücken zerknickte Smilli eines der kleinen Blätter und ein intensiver Duft strömte ihr entgegen. Hmm, Lavendelduft war eindeutig einer ihrer Lieblingsdüfte – eine Mischung aus Waldhonig, weißer Schokolade und Rosen. Unauffällig schielte sie auf das neue Kraut neben sich, dessen schöne große Blüte sich nun genau auf Augenhöhe befand. Smilli musste heftig blinzeln: Den rotlila glühenden Blütenblättern wuchsen tatsächlich pinke Sommersprossen. Und neigte sich nicht sogar der Blütenkopf ein wenig in Richtung des Lavendelduftes? Oder neigte er sich zu ihr?

Aufgeregt sah Smilli zu Nick hinüber. Der blinzelte nervös.

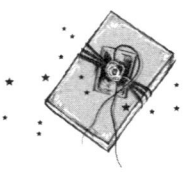

6
Schlammbraun?

Plötzlich hörten sie erneut ein seltsames Geräusch. Diesmal war es eine Mischung aus Pfeifen und Blubbern. Ein knatterndes Pfeif-Blubbern.

Smilli fuhr hoch und ärgerte sich im selben Moment, dass sie sich jedes Mal wieder erschreckte. Nick grinste schon wieder.

»Pepe! Komm da sofort raus und lass das, ein für alle Mal! Das nervt aber so was von!«

Sie griff in das angrenzende Gebüsch und zerrte ihren Bruder an seinen Hosenträgern heraus – er war ein Leichtgewicht. Nicht so leicht zu verkraften war seine – aus Smillis Sicht – luftverpestende Fähigkeit, auf Befehl pupsen zu können. Und diesen Befehl gab sich Pepe leider häufig selbst.

»Oh, 'tsuldigung, wollte euch gar nicht ersrecken«, lispelte ihr Bruder und grinste frech.

Smilli verdrehte die Augen. *Typisch!*

»Nick«, rief sie ihrem Freund zu, während sie Pepe weiterhin an seinen Hosenträgern festhielt. Der zappelte an ihrem Arm wie ein Fisch an der Angel. »Könntest du bitte mal aufhören, so doof zu grinsen, sonst hört er nie mit dem Pubsmist –!« Mitten im Satz brach sie ab.

Nick grinste gar nicht mehr. Starr blickte er auf das neue Kraut. Und auch Smilli stockte der Atem: Die Blüte war soeben von einem stumpfen Braun überzogen worden. BRAUN! Ein hässliches, dunkles, schlammiges Braun.

»Ich glaube, Pubse mag sie nicht so«, wisperte Nick.

Vor Überraschung setzte Smilli ihren Bruder ohne ein weiteres Wort ab. Der hopste kichernd davon. Smilli versuchte nervös ihre weißblonden Locken glatt zu streichen, doch die hatten genauso ihren eigenen Willen wie ihr frecher Bruder – oder dieses wunderschöne, aber äußerst merkwürdige Kraut.

Sie musste dringend den nächsten Eintrag in ihr Pflanzenbuch machen:

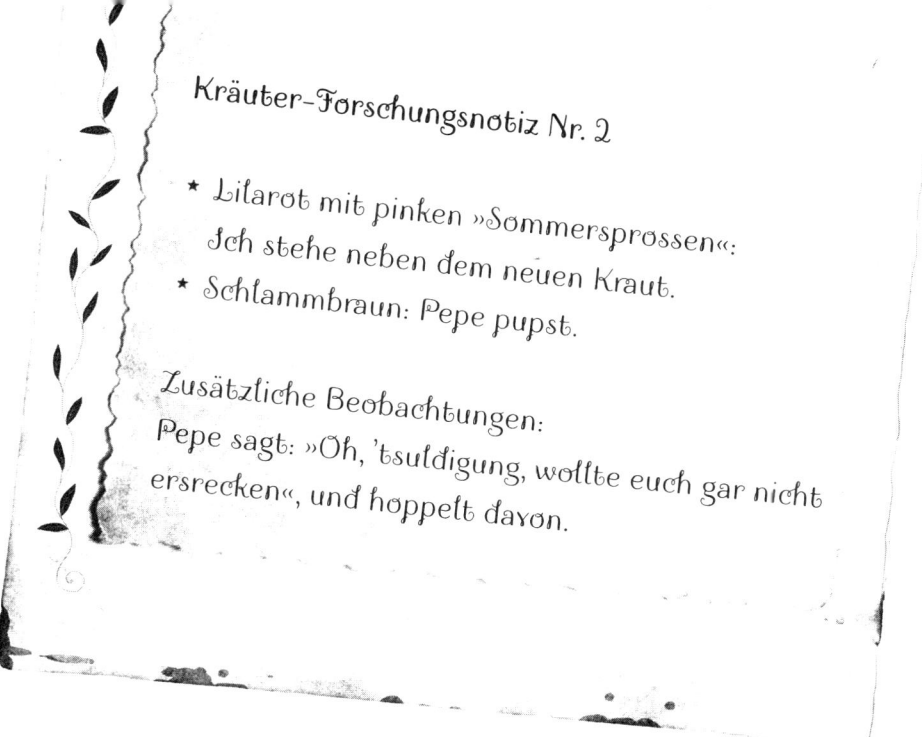

Kräuter-Forschungsnotiz Nr. 2

* Lilarot mit pinken »Sommersprossen«:
  Ich stehe neben dem neuen Kraut.
* Schlammbraun: Pepe pupst.

Zusätzliche Beobachtungen:
Pepe sagt: »Oh, 'tsuldigung, wollte euch gar nicht
ersrecken«, und hoppelt davon.

Smilli starrte auf ihre Notizen. Sie wurde kein Stück schlau daraus. Was hatte das zu bedeuten?

Nick räusperte sich. »Komm, wir googeln die Pflanze jetzt mal. Wir können wenigstens die paar Angaben, die wir haben, in die Suchmaschine eingeben. Vielleicht finden wir ja ein Bild der Blüte und erfahren, was es mit ihr auf sich hat...« Nick zog sein Smartphone heraus und tippte darauf herum. Doch schon nach kurzer Zeit meinte er: »Nada, nothing, nichts! Es wirkt fast so, als gäbe es diese Pflanze überhaupt nicht.«

»Vielleicht haben wir wirklich das einzige Exemplar, das es auf der Welt gibt«, murmelte Smilli. »Wenn es eben eine Spezialzüchtung ist?« Wieder warf sie der nun blassrosa Blüte einen grübelnden Blick zu.

»Jetzt fällt mir nur noch eine Möglichkeit ein, um weitere Hinweise auf ihre Spezialfähigkeit zu sammeln. Ich sage nur: Nachteinsatz!«

»Hä?« Diesmal war Smillis Gedankensprung sogar für Nick zu schnell.

»Ich meine: Wir sollten uns um Mitternacht ins Café schleichen und beobachten, ob sich die Blüte um diese Uhrzeit regt!«

Nicks Augen begannen zu leuchten: »Die berühmte Geisterstunde! Du meinst, sie zeigt dann vielleicht ihre Super-Flower-Power-Eigenschaft, so wie Superman? Klingt aufregend! Ich frage gleich mal meine Eltern, ob ich heute bei dir übernachten darf.« Er tippte auf seinem Smartphone herum. »Dem Geheimnis der Wunderblume auf die Spur kommen und damit den Laden retten – langsam finde ich deinen Kräutertick doch cool!«

Smillis empörten Ellenbogen-Knuff quittierte Nick wie immer mit einem Grinsen.

7

Schön, aber merkwürdig

Da Sommerferien waren, konnten die beiden ihre Eltern schnell überreden. Mit dem Fahrrad holten sie Nicks Sachen von der anderen Seite des Dorfes.

»Puh, voll heiß«, stöhnte Nick, während er seine Bettdecke die Holztreppe zu Smillis Zimmer hochzerrte. Prompt stolperte er über einen Zipfel und schlug hin. Glücklicherweise war sein Fall gut gepolstert. Smilli musste kichern: Nick sah aus wie eine eingewickelte Raupe. Doch ihr Freund brummte nur und Smilli half ihm schnell aus der Bettdeckenwurst heraus. »Ich glaube, wir brauchen dringend einen Eistee zur Abkühlung«, meinte sie. »Wir müssten dafür nur rasch frische Pfefferminze ernten. Pfefferminz-Eistee mit Apfelsaft-Eiswürfeln – oberlecker! Meine neueste Erfindung!«

Gemeinsam bezogen sie die schmale Gästematratze neben

Smillis Bett. Ihr Zimmer in dem alten Fachwerkhaus war klein, wie alles hier. Es wirkte ein wenig wie das Zimmer einer Puppenstube. Aber darin war alles, was man brauchte. Smilli und ihre Mutter hatten versucht, es urgemütlich einzurichten: So wehten nun lange, von Frau Green selbst genähte Blümchenvorhänge im leichten Sommerwind vor dem geöffneten Sprossenfenster. Das Holzbett hatte fein gedrechselte Beine und darauf lag die schönste Sternchenbettwäsche, die Smilli je besessen hatte. Der Boden bestand aus warmen Holzdielen. Vorhänge und Bettwäsche waren in Rosa- und Grau-Tönen aufeinander abgestimmt, ganz wie Smilli es liebte. Die Strahlen der Nachmittagssonne leuchteten herein, da das Zimmer auf der Südseite des Hauses lag – wichtig für Smillis Mini-Gewächshaus auf der Fensterbank.

Nick allerdings war es hier oben heute viel zu heiß. »Eistee klingt super! Lass uns dann ein kühles Plätzchen draußen im Schatten suchen und weiter das komische Kraut beobachten!«

Sie liefen hinunter ins Gartencafé und schnitten frische Pfefferminzstängel in Smillis Beet ab. In der Küche, die sich neben dem Laden im unteren Geschoss befand, legten sie die Stängel in einen großen Krug. Dann erhitzten sie Wasser im Kocher und übergossen damit vorsichtig die Pfefferminze.

Smilli gab noch drei Löffel Honig dazu. Wie gut, dass sie heute Nachmittag ungestört waren. Pepe spielte bei einem Freund.

Während der Tee zog, machten sie einen Plan für die Nacht.

»Also, wir müssen dringend mein Handy mitnehmen, damit wir eine starke Taschenlampe haben«, begann Nick.

»Ja, aber stell das Handy heute Nacht bitte leise.« Smilli nahm zwei selbst gemachte Kräuterbonbons aus dem kleinen Glas auf dem Tisch und reichte Nick einen davon. »Nicht, dass du wieder mitten in der Nacht eine Nachricht von deiner Tante aus Australien bekommst und meine Mutter vor Schreck aus dem Bett fällt...« Smilli grinste, als sie an ihre letzte Nachtaktion dachte. Da hatten sie sich erst ein paar Wochen gekannt und waren in der Nacht bei Nick in der Wohnung umhergeschlichen, um noch heimlich ein »Mitternachtsmahl« zu organisieren. Plötzlich hatte Nicks Handy losgeschrillt. Sein damaliger Klingelton hatte sich angehört, als würde Glas zerschlagen. Seine Eltern waren aus dem Schlafzimmer geschossen, weil sie sie für Einbrecher gehalten hatten. Ohne genauer hinzusehen, hatten sie sich von hinten auf sie geworfen... leider mitten hinein ins Mitternachts-Rührei. Bei der Erinnerung konnte Smilli ein Grinsen nicht unterdrücken. Sie schob sich den Bonbon in den Mund und siebte die Pfefferminzblätter aus dem Krug.

»Nein, nein, keine Angst, jetzt bin ich Profi-Mitternachtsforscher geworden, wirst sehen!« Nick blinzelte Smilli zu. Er schien dankbar zu sein, dass Smilli den Bettdecken-Rollwurst-Vorfall von vorhin nicht mehr erwähnte.

Smilli wollte ihr Kräuterbeobachtungsbuch einpacken und vielleicht auch etwas Proviant, falls sie lange warten mussten. Als sie sah, dass ihre Mutter frisches Brot für den Laden gebacken hatte, holte sie mit Nick ein wenig Schnittlauch und Kresse aus dem Beet und rührte schnell einen Kräuterquark an. Es ging doch nichts über selbst gebackenes Brot mit frischem Schnittlauch-Kresse-Quark! Wer sagte denn, dass nächtliche Beobachtungsmissionen nicht lecker sein konnten? Eben!

Nachdem der Tee abgekühlt war, gab Smilli eisgekühltes Sprudelwasser dazu und warf jede Menge Apfelsaft-Eiswürfel hinein. Davon hatten sie immer welche da, weil ihr Bruder sie so liebte.

Mit dem Eistee-Krug zogen sie nach draußen. Es waren nur wenige Gäste im Café und sie setzen sich in den Schatten der großen Kastanie auf der anderen Seite des Beetes und spielten mit Knatter. So konnten sie das neue Kraut gut im

Blick behalten. Abwechselnd holten sie ein frisches Kräuterblatt aus dem Beet und hielten es dem Kater unter die Nase. Jedes Mal wetteten sie, wie ihm der Geruch gefallen würde. Dass er eine Vorliebe für Baldrian und Katzenminze hatte, war klar, aber dass er Zitronenmelisse nicht ausstehen konnte, sich dagegen von Rosmarin nicht mehr losreißen mochte, überraschte sie. Es sah zu lustig aus, wie Knatter sich daraufwarf und quasi darin wälzte. Als der letzte Cafégast gegangen war und Smillis Mutter die Pforten schloss, hatte ihnen der köstlich-kalte Pfefferminz-Eistee den Bauch herrlich gekühlt. Kater Knatter hatte sich mittlerweile wohlig auf den Rücken gedreht. Meditativ hielt er alle vier Pfötchen in die Höhe. Smilli und Nick streichelten sein flauschiges Fell und er knatterte zufrieden vor sich hin.

Nur an dem komischen Kraut hatte sich den ganzen Nachmittag lang nichts mehr getan. Die Blüte war blassrosa geblieben – fast wie ein ganz normales Kraut.

Nach Ladenschluss halfen sie Smillis Mutter noch beim Zusammenstellen der Caféstühle. Frau Greens neue Verkäuferin, Frau Feik, war heute ausnahmsweise früher gegangen.

Dann sortierten sie Smillis selbst gemachte Behälter, die gegen Pfand von Kunden ausgeliehen werden konnten, in das weiß lasierte Holzregal hinten im Laden. Gemeinsam schoben sie die rollbaren Obstregale- und kisten hinein, die tagsüber unter der Markise standen.

Smilli freute sich, dass ihre Mutter heute wieder so viel lachte wie vor der Trennung von Smillis Papa. Vier Jahre war das her. Aber ein bisschen wunderte sie sich auch über die gute Laune ihrer Mutter. Frau Green tänzelte beim Aufräumen fröhlich summend mit dem Besen durch die Gänge, als hätte sie nicht gerade zehn Stunden lang in einem ziemlich heißen Laden samt Café mit sehr wenigen Kunden gestanden. Smilli kniff sich vorsichtshalber ins Bein, um sicherzugehen, dass sie nicht träumte. Aber nein, jetzt breitete ihre Mutter noch die Arme aus und tat so, als wäre der Besenstiel ein Mikrofon und sang lauthals hinein. Dann lachte sie und drückte Smilli. Sie schien wirklich so glücklich zu sein wie schon lange nicht mehr. Und so sehr Smilli sich auch für ihre Mutter freute: Irgendwas stimmte hier nicht!

8
Nachteinsatz

Doch vorerst hatte Smilli zum Grübeln keine Zeit – nach einem Abendbrot mit frisch gebackenen Brötchen veranstalteten sie und Nick noch eine wilde Kissenschlacht und sanken danach erschöpft auf ihre Betten.

»Nick, Nick, wach doch auf!«

»Mmmh, sei leise, ich will schlafen…«

»Nick, jetzt wach endlich auf, wir sind eingeschlafen und es ist schon zehn vor zwölf!«

»Zehn vor Geisterstunde?« Nick war plötzlich hellwach. Er angelte nach dem Handy neben sich.

So leise sie konnten schlichen sie die knarzende Dielentreppe hinunter und schlüpften lautlos durch die schwere Hintertür ins Gartencafé hinaus.

Von der Dorfkirche her erklangen Glockenschläge.

»Mitternacht!«, flüsterte Nick.

Das Café lag still vor ihnen. Nur einige Grillen zirpten mit hohen Stimmen durch die Nacht.

Langsam gewöhnten sich ihre Augen an die Dunkelheit und nun sahen sie auch die Umrisse von Smillis neuer Pflanze hoch aus dem Beet ragen. Mit kleinen Schritten näherten sie sich ihr.

»Siehst du was?«, murmelte Smilli.

»Ja, nichts. Ich sehe, dass ich nichts sehe.«

»Sehr witzig. Ich meine, wie ist ihre Farbe gerade? Es ist so dunkel.«

Nick leuchtete mit dem Handy-Licht auf die große Blüte.

»Sieh doch, sie ist schon wieder so lila leuchtend mit pinken Sommersprossen!«, wisperte Smilli.

»Ja, aber das wundert mich nicht. Du stehst ja auch wieder direkt neben ihr.«

»Hm, macht sie das bei dir eigentlich auch?«, fragte Smilli und trat zwei Schritte zur Seite, um Nick dichter an die Blüte zu lassen.

Da hörten sie es.

Ein Geräusch, das nicht in diese Nacht gehörte. Und schon gar nicht in die nächtliche Ruhe des Gartencafés.

»D-da sind Schritte …«, stotterte Smilli erschrocken.

»Vielleicht geht nur jemand draußen vorbei«, flüsterte Nick.

»Ja, aber jetzt kommen die Schritte näher, hör doch mal!« Smilli ergriff Nicks Hand.

Die schweren Schritte schienen direkt vor der Cafépforte haltzumachen. Ein Männerkopf ragte über den Zaun.

»Was will der denn mitten in der Nacht hier?«, wisperte Nick und zog Smilli hinter einen der Cafétische. »Los, duck dich, dann kann er uns nicht so leicht entdecken.«

Smillis Herz klopfte bis zum Hals. Nun drückte der Unbekannte die Türklinke der Pforte herunter. Hoffentlich hatte ihre Mutter vorhin richtig abgeschlossen.

»Ein Glück, die Tür ist zu! Aber meinst du, er kann darüberklettern?« Nicks Stimme zitterte vor Aufregung.

»Los, komm, schnell zurück ins Haus!« Smilli wollte ihren Freund hochziehen.

»Nee, warte doch mal«, murmelte Nick. »Was macht der denn jetzt?«

Der Kopf des Mannes bewegte sich auf einmal rhythmisch auf und ab, näherte sich dem Tor und verschwand wieder. Nur um Sekunden später wieder hüpfend aufzutauchen.

»Tanzt der da jetzt oder was?«, platzte es aus Smilli heraus, ein bisschen zu laut.

Doch der Mann auf der anderen Seite des schmiedeeisernen Zauns schien es nicht gehört zu haben. Denn er produzierte jetzt selbst recht laute Geräusche.

»Jetzt singt er!«, murmelte Nick.

Ein melodischer Singsang drang zu ihnen.

Smilli kletterte auf einen Stuhl, der hinter einem Baum stand, um besser sehen zu können. »Nun bewegt er sich wie ein Regenbeschwörer – so wie es Naturvölker früher gemacht haben, um ihre Götter um Regen zu bitten. Ich glaube, der ist einfach verrückt«, zischte sie Nick zu.

»Na ja, obwohl wir Regen auch mal wieder gebrauchen könnten«, kicherte er.

»Sehr witzig! Komm, lass uns verschwinden.« Smilli fühlte sich unbehaglich. »Das Kraut können wir auch am Tag weiter beobachten. Ich habe bis auf die Farbe jedenfalls keine Veränderung an ihm gesehen. Es scheint um Mitternacht nicht besonders aktiv zu sein.«

Während sie ins Haus eilten, überlegte Smilli noch, ob sie ihre Mutter wecken sollte. Aber ihr würde sie auch morgen noch von dem merkwürdigen Tänzer vor dem Gartencafé erzählen können. Ihre Mutter brauchte ihren Schlaf. Sie war oft erschöpft, weil sie sich noch nicht mehr als eine Angestellte leisten konnte. Außerdem hatte der Mann eigentlich recht harmlos gewirkt. Vielleicht liebte er nur die Nacht und die Stimmung und hatte sich unbeobachtet gefühlt – was man ja eigentlich in der Nacht auch war – und hatte vor lauter Glück getanzt. So wie ihre Mutter es vorhin im Laden getan hatte. Kurz blubberte wieder ein merkwürdiges Gefühl durch Smillis Magen, als sie daran dachte. Sie schlüpfte ins Bett und zog die Decke bis zur Nasenspitze hoch.

Erst am nächsten Morgen erfuhr sie von Nick, dass er noch einmal aufgestanden war, sich die leckeren Quarkbrot-Happen geholt und ihr mehrmals davon angeboten hatte. Bis er endlich kapiert hatte, dass Smilli nicht einmal mehr von einer Elefantenherde, die mitten durchs Zimmer galoppierte, wach geworden wäre. Nick jedenfalls hatte ihr Kräuterquark hervorragend geschmeckt. Smilli lächelte zufrieden. Vielleicht würde er in Zukunft noch etwas weniger über »langweilige Kräuter« meckern. Falls sie hier überhaupt eine Zukunft hatten ...

9
Frühstücksbesuch

Hungrig liefen Smilli und Nick zum Frühstück nach unten. Doch schon auf der Treppe hielten sie überrascht inne. Smillis Mutter war eindeutig nicht allein mit Pepe! Eine männliche Stimme lachte und erzählte und Frau Green und Pepe schienen ihren Spaß zu haben.

Smillis Beine wollten plötzlich nicht mehr weitergehen. Das hatte es in all den Jahren nach Papa noch nie gegeben! Ein fremder Mann, der bei ihnen frühstückte. Vorsichtig spähten sie um die Ecke. Fast hätte sie der Schlag getroffen! Der Mann, der da so fröhlich zwischen ihrer Mutter und ihrem Bruder saß, sah dem tanzenden und singenden Mann von gestern Nacht äußerst ähnlich! Als Smilli und Nick in die Küche traten, unterbrach der Mann sich sofort und sprang auf. Dabei stieß er sich den Kopf an einem der Fachwerkbalken an der Decke. Doch er ließ sich nichts anmerken und eilte lächelnd auf sie zu.

Er war auffallend groß. Genau wie der Mann gestern. Smilli schnappte nach Luft: DAS WAR DER MANN!

»Ich will mich lieber gleich vorstellen: Ich heiße Björn Björnsson – aber sagt einfach Björn – und ich bin...« Er stockte kurz und sah Smillis Mutter ein wenig hilflos an. »Äh... so etwas wie ein Bekannter von Anna.«

Frau Greens Wangen überzogen sich mit einem zarten Rotton.

»Ja, ich... äh... ja... wollte euch sowieso schon von ihm erzählen, aber nun ist er ganz überraschend zum Frühstück gekommen«, stammelte Smillis Mutter.

So überraschend kam Smilli das gar nicht vor. Er war ja wahrscheinlich schon die ganze Nacht in der Nähe gewesen... und hatte hier ums Haus getanzt! Misstrauisch nahm Smilli seine Hand. Nach einem laschen Druck versuchte sie sie schnell wieder loszuwerden. Das Ganze war höchst merkwürdig! Sie warf Nick einen Blick zu. Sie sah ihm an, dass auch er der Sache nicht traute.

»So, ihr Lieben, jetzt aber erst einmal genug der Vorstellerei, wir haben hier die köstlichsten Sachen auf dem Tisch. Björn hat uns leckere Croissants mitgebracht und selbst gemachte Erdbeermarmelade. Finde ich toll, wenn sich Männer um das kulinarische Wohl kümmern. Ganz wunderbar, einfach fantastisch! Setzt euch und greift zu!« Smillis Mutter machte eine übertrieben einladende Handbewegung. Smilli hätte es nicht gewundert, wenn sie wieder angefangen hätte zu summen. Sie hatte schon wieder diesen fröhlichen, leicht übergeschnappten Tonfall von gestern in der Stimme.

»Die ist voll verknallt!«, murmelte Nick in Smillis Ohr. »Deine Mutter ist so was von verschossen, die kann gar nicht mehr geradeaus gucken!« Dann biss er in ein riesiges Croissant und grinste.

Smilli lehnte sich zurück. Ihr war der Appetit vergangen. Das erklärte, warum ihre Mutter gestern so aufgedreht gewesen war, obwohl die Geschäfte schlecht liefen. Aber was wollte ihre Mutter bloß mit dem? Sie würde ihr so bald wie möglich erzählen, was sie heute Nacht beobachtet hatten. Nicht dass ihre Mutter einem Verrückten in die Falle ging!

»...und deshalb will Björn alles tun, um uns zu helfen.«

Die letzten Worte ihrer Mutter konnte Smilli gerade noch aufschnappen. Schnell hörte sie wieder richtig zu.

»Er ist Sportlehrer – ein sehr engagierter sogar!« Dabei warf Frau Green ihrem Gast einen dermaßen schwärmerischen Blick zu, dass Smilli zu demselben Schluss kam wie Nick. So hatte sie ihre Mutter noch nie erlebt! Sie war eine zupackende, energische, selbstbewusste Frau. Und jetzt hockte sie hier wie ein kleines Mädchen, das endlich sein langersehntes Spielzeug bekommen hatte und vor Begeisterung nur noch stottern konnte. Na, das war ja eine schöne Bescherung! Smilli hatte das Gefühl, wenn dieser Björn jetzt sagen würde: »Los komm, lass uns den Laden im Nil versenken oder auf den Mars schießen«, dann würde ihre Mutter ihm augenblicklich begeistert zustimmen.

»... äh, also Björn beschäftigt sich neben seinem Lehrerjob auch mit Musik und Bewegung und was man damit alles Gutes erreichen kann. Deshalb wird er auch mal ein paar Tänze ausprobieren, die das Karma dieser Gegend – also ihre ... äh ... Ausstrahlung – noch verbessern könnten.« Smillis Mutter sah Björn Björnsson wieder verliebt an.

»Ja, hm.« Björn räusperte sich. »Es ist zumindest einen Versuch wert. Ich muss gestehen, dass ich das vorher noch nie gemacht habe und selbst auch ein wenig Zweifel habe, dass es etwas bringt. Aber nachdem ich mich nun in den Ferien so viel mit den Bräuchen der Naturvölker beschäftigt habe, wollte ich das einfach mal ausprobieren.« Er lächelte entschuldigend. »Ich bin sowieso ein leidenschaftlicher Tänzer – und außerdem: Ich möchte euch gern helfen. Ich liebe das Fräulein PurPur und das Gartencafé!« Dabei sah er Smillis Mutter an, als meinte er in Wirklichkeit sie.

»Dann stimmt es also, dass wir dringend Hilfe brauchen?«, platzte es aus Smilli heraus. Sie konnte selten etwas für sich behalten.

Smillis Mutter senkte den Kopf. »Unterstützung können wir gebrauchen. Es läuft nicht mehr so glorreich hier.«

Smilli warf Nick einen langen Blick zu. Dann konzentrierte sie sich schnell weiter auf das, was ihre Mutter sagte.

»Björn hat mir gerade angeboten, dass er mir jetzt in den Ferien im Café aushelfen könnte. Es ist ganz schön viel für mich, alleine im Garten zu bedienen, zusätzlich Kaffee zu kochen, Kuchen zu backen und hin und wieder Frau Feik im Laden zu unterstützen. Dazu muss ich Waren bestellen und mich abends noch um die Geschäftsbücher kümmern.« Sie seufzte. »Vielleicht läuft es mit Björns Hilfe auch wie von selbst wieder besser!« Erneut warf sie ihm einen langen Blick zu. Björn wurde knallrot.

Oh nein! Die waren ja beide verknallt bis zur Bewusstlosigkeit! Smilli wollte sich eigentlich für ihre Mutter freuen. Aber sie wurde das Gefühl nicht los, dass sie nun auch noch einen tanzenden Trottel mit an Bord hatten. Der sich zumindest nachts äußerst seltsam verhielt. Das hatte gerade noch gefehlt! Wie sollte es denn durch ihn besser werden? Mit seinen merkwürdigen Tänzen würde er garantiert keine neuen Kunden anziehen – eher im Gegenteil. Und ihre Mutter war gerade stockblind vor Verliebtheit. Aber weil sie auch so glücklich aussah, versuchte Smilli zu lächeln und hielt krampfhaft zurück, was sie wirklich dachte. Jetzt machte sie sich noch größere Sorgen! Sie stieß Nick an und bedeutete ihm, schneller zu essen. Sie mussten hier dringend weg, sonst würde ihr doch noch etwas extrem Ehrliches rausrutschen…!

10
Federtanz

Am Nachmittag pflanzte Smilli ihre neueste Zitronenbasi-
likum-Züchtung in ihr Beet. Plötzlich trat Björn neben sie,
mit dem hübschen Kräutertablett von Smillis Mutter in der
Hand. Er hatte tatsächlich den ganzen Vormittag lang im
Fräulein PurPur neue Ware einsortiert und soeben das Café
geöffnet.

»Was für schöne Kräuter«, sagte er. »So was finde ich auch
immer sehr interessant! Ich –« Da rief der erste Gast, und
Björn eilte mitten im Satz davon.

Nick, der gerade unter der Kastanie den Stein für Smillis
neuen Basilikum beschriften wollte, rief: »Smilli, guck mal,
das Kraut!«

Igitt! Die Blüte war wieder schlammfarben geworden! War
dieses hässliche Braun etwa die Reaktion auf Björn? Smilli
kicherte. Dann hätte die Pflanze wirklich Geschmack ... Oder

mochte sie den Duft des Basilikums nicht, den Smilli gerade neben sie pflanzte? Er roch wirklich sehr stark. Sie könnte auch etwas gegen die Handcreme haben, die Smilli heute benutzt hatte. Darin war jede Menge Kokosnussöl. Vielleicht mochte die Pflanze keine Gerüche von Pflanzen und Früchten, die nicht aus ihrer natürlichen Umgebung stammten? Kokosnüsse wuchsen nun mal an Palmen und zwar in tropischen Ländern... Aber wer weiß, wo der Samen ihres neuen Krauts überhaupt herkam. Und was wollte die Pflanze mit ihren Farbwechseln anzeigen? War das schon ihre Fähigkeit oder konnte sie noch mehr? Smilli hatte lauter Fragezeichen im Kopf.

Sie musste eine Notiz ins Kräutertagebuch schreiben.

Kräuter-Forschungsnotiz Nr. 3

Schlammbraun:
* Björn kommt zu mir.
* Gleichzeitig pflanze ich Zitronenbasilikum neben das neue Kraut.
* Meine Hände, mit denen ich in der Erde grabe, riechen heute stark nach Kokoscreme.

Weitere Beobachtungen:

Björn sagt: »Was für schöne Kräuter!

So was finde ich auch immer sehr interessant!«

Dann eilt er davon.

Worauf reagiert die Blüte bloß?

Kaum hatte Smilli das letzte Wort geschrieben, hörte sie einen Schrei. Einen gellenden Schrei. Dann ein albernes Kichern. Smilli sah, wie Björn wie von der Tarantel gestochen neben einem der Cafétische herumhüpfte, strauchelte, kurz noch versuchte, sich an einem der Tische festzuhalten und dann mit diesem wie in Zeitlupe zu Boden ging. Kaffeegeschirr zersplitterte. Hinter dem Tisch kroch ihr Bruder hervor, mit einer langen Feder in der Hand. Er grinste von einem Ohr bis zum anderen. Dann sprang er auf und raste ins Haus. Smilli hinterher. Auf einmal fiel ihr ein, dass es vielleicht wichtiger wäre, erst einmal Björn zu helfen – egal, ob sie ihn nun mochte oder nicht. Sie rannte den langen Flur zurück und durch die Hintertür wieder in den Garten. Einige Gäste beugten sich bereits über Björn und halfen ihm auf. Andere schoben die Scherben der beiden zerbrochenen Kaffeetassen zur Seite.

»Dass ich aber auch so kitzelig bin...«, versuchte Björn seinen Auftritt zu entschuldigen. »Aber ich dachte wirklich, da wäre eine Wespe an meinem Bein oder gleich ein ganzer Wespenschwarm. Ich habe mich total erschrocken, entschuldigen Sie bitte!«

Smilli stöhnte. Jetzt verstand sie genau, was passiert war. Ihr Bruder hatte unter dem Tisch gehockt und Björn mit der langen Feder gekitzelt. Aber wie war Pepe unter den Tisch gekommen? Hatte er etwa die ganze Zeit schon da gehockt? So schmal wie er war, passte er bestimmt neben schlanke Beine.

Es war zum Haareraufen. Würde Pepe die ohnehin schon wenigen Gäste mit seinen »lustigen« Späßen auch noch vertreiben? Warum hatte ausgerechnet sie, Smilli Green, einen Bruder, der eine Mischung war aus Clown und Kobold, und das auch noch mit Pups-Antrieb? War dagegen nicht irgendein Kraut gewachsen? Falls nicht, musste sie dringend eins züchten!

Zu Nick rief sie: »Ich bin mit Einpflanzen fertig. Wollen wir mal nach dem Alpakababy gucken? Das Kraut ist gerade wieder rosarot und harmlos. Die Gelegenheit ist günstig!«

Sie legten Nicks kunstvoll beschrifteten Stein vor den Zitronenbasilikum ins Beet. Dabei beobachteten sie Björn aus den Augenwinkeln. Glücklicherweise schien es ihm wieder gut zu gehen. Er fegte erst die Scherben auf und servierte dann weiter Kaffee und selbst gemachten Kirschkuchen. Dabei scherzte er sogar über seinen »unfreiwilligen Federtanz«.

Er schien auf alle Fälle robuste Nerven zu besitzen. Die brauchte er als Lehrer auch. Und für Pepe erst recht!

11
VALANDULA

Smilli lief mit Nick am Ufer des Flusses entlang, der an ihrem Dorf vorbeifloss. Sie waren auf dem Weg zu den Alpakaweiden von Herrn Blümelein.

Sie hüpften über große Baumwurzeln und versanken in dicken Mooskissen. In dem kleinen Wäldchen am Rande des Flusses war es angenehm kühl und es roch nach Harz und Baumrinde. Smillis Gedanken entkrausten sich fast augenblicklich und sie blickte Nick zufrieden an. Der lächelte zurück. Eben hatte er zwei besonders schöne weiße Steine gefunden – ideal zum Beschriften. Als Nick über eine kleine Baumwurzel stolperte, mussten sie beide lachen. Gerade war alles so wie immer.

Und dann lagen auch schon die Weiden vor ihnen. Grün und frisch sahen sie aus. Als das Anwesen noch leer gestanden hatte, waren sie oft zusammen hierhergelaufen. Die großen Wiesen strahlten eine wunderbare Ruhe aus. Mit einem Mal spazierte ein kleines Tier in ihr Blickfeld. Dann zwei, dann drei, dann sechs – es wurden immer mehr.

»Die Alpakas! Sieh nur!«

»Ich wusste nicht, dass er so viele hat.« Nick stieß einen Pfiff aus. »Ich hab gedacht, das wäre eine kleine Hobby-zucht ...«

Smilli grinste. »Ich zähle zweiundzwanzig!«

»Guck mal, da ist Herr Blümelein! Wollen wir mal zu ihm?« Sie liefen das letzte Stück bis zum Weidezaun.

Herr Blümelein öffnete lächelnd das Weidetor und ließ sie herein. »Sieh da, meine Fenchel-Retterin samt Freund! Dein Kraut hat übrigens gewirkt. Meinem Baby geht es schon viel besser.«

Als wollte Wollpi seine Worte unterstreichen, kam sie herangewackelt und sprang munter um die Kinder herum. Dann drückte sie sich an Herrn Blümelein und begann an seiner Hosentasche zu knabbern. Das sah so niedlich aus, dass Smilli und Nick lachen mussten. Sie streichelten Wollpi und bemerkten, wie immer mehr Alpakas herankamen.

»Ihr dürft die anderen auch gerne streicheln. Meine Alpakas sind Menschen gewöhnt. Wenn sie nicht mehr wollen, gehen sie einfach weg. Aber streckt ihnen zum Kennenler-

nen erst einmal eure Hand hin, sodass sie schnuppern können.« Herr Blümelein machte es vor. »Nur am Kopf werden sie nicht so gerne angefasst«, fuhr er fort.

Smilli hielt ihre Hand einem besonders flauschigen, hellbraunen Alpaka hin, das neugierig herankam. Es schien sehr zutraulich zu sein und ließ sich nach kurzem Schnuppern von ihr an seinem weichen Hals streicheln. Nick kraulte die dicke Wolle eines dunkelbraunen Tieres.

Herr Blümelein schmunzelte. »Sie mögen euch. Wie gesagt, wenn ihr mal Zeit und Lust habt, gehen sie auch gerne mit euch spazieren. Mit einem gut sitzenden Halfter und einer Leine kann man sogar richtig mit ihnen wandern.«

Smilli konnte sich das kaum vorstellen. Hoffentlich hatte sie noch genug Zeit hier. Das musste sie unbedingt mal mit Nick versuchen … Sie schluckte und vergrub ihre Hände noch tiefer in der dichten Wolle des Tieres. Sie hätte ewig so stehen können!

Herr Blümelein lobte ihr schönes Café. »Bald werde ich mal meine gute Freundin Linda dorthin einladen. Die ist in ihrer neuen Wohnung noch etwas einsam.«

Smilli und Nick lachten, als er ihnen vormachte, wie Lindas winziger frecher Hund immer aus ihrer Handtasche herauslugte.

Auf dem Rückweg dachten Smilli und Nick darüber nach, wie sie das besondere Kraut nennen könnten. Schließlich einigten sie sich auf VALANDULA. Der Name setzte sich zusammen aus den lateinischen Namen von Lavendel und Baldrian. Die Abkürzung VALA hörte sich so an, als hätte die Pflanze Wahnsinns-Spezialkräfte, fanden sie.

12
Verrückter Hinweis?

Gut gelaunt liefen Smilli und Nick durch das Tor des Gartencafés. Doch ihr Lächeln gefror ihnen im Gesicht. VALAs Blüte war vollkommen schwarz. Es sah aus, als hätte sich das Kraut schwarz geärgert. Was war passiert?

»...und das können Sie mir wirklich glauben!« Der Gast am mittleren Tisch sprach so laut, dass alle es hören konnten. Als der kleine Mann im grauen Anzug bemerkte, dass auch Smilli und Nick ihn anstarrten, verstummte er jäh. »Nun ja, ich muss los – guten Abend!«, rief er noch. »Sie hören von mir!« Dann war er nach vorne durch den Laden verschwunden.

»Puh, wer war das denn? Hat der etwa die ganze Zeit die Gäste vollgequatscht?«, fragte Smilli.

»In jedem Fall fände VALA es wohl besser, wenn der nie wieder hier auftauchen würde«, meinte Nick und deutete auf die Blüte, bei der allmählich die feine rosa Blässe wieder durchkam. Nur der Blütenrand war noch grau.

Smilli hockte sich mit ihrem Kräutertagebuch vor VALA. Sie notierte:

Kräuter-Forschungsnotiz Nr. 4

Anmerkung: Die Pflanze, wahrscheinlich eine Kreuzung aus Baldrian (lat. Valeriana), Lavendel (lat. Lavandula) und einem unbekannten Kraut, soll im Folgenden immer YALANDULA genannt werden (kurz YALA).

* Pechschwarz: Ein Mann im grauen Anzug spricht laut zu den anderen Gästen. Wir kommen später dazu und hören nur noch:
* »Und das können Sie mir wirklich glauben! – Nun ja, ich muss los – guten Abend! – Sie hören von mir!«
* Rosa: Der Mann geht.
* Lilarot mit pinken »Sommersprossen«: Ich hocke mich vor YALA und mache Notizen.

Nach der Öffnung des Gartencafés am nächsten Nachmittag ackerten Smilli und Nick um das Kräuterbeet herum und behielten VALA fest im Blick. Würde das geheimnisvolle Kraut auf andere Cafégäste genauso heftig reagieren wie auf den grauen Mann gestern? Um ja nichts zu verpassen, rupften und zupften sie im Beet herum und trugen verschiedene Dekostücke hin und her. Schon bald wuchs kein einziges Blättlein mehr da, wo es nicht hingehörte und das Beet war von schmuckvollen Dingen umsäumt. Zwei verschnörkelte Blechgießkannen sowie drei kleine Laternen und ein altes, aber noch sehr ansehnliches Kissen in knalligen Pink- und Brombeertönen machten das Beet nun zu einer wahren Wohlfühloase – vor allem für Knatter. Der hatte sofort erkannt, dass das Kissen äußerst bequem war. Selig schlief er darauf ein.

Ihrem eigentlichen Ziel jedoch waren Smilli und Nick nicht näher gekommen: VALA hatte die ganze Zeit blassrosa oder lilarot aus dem Beet herausgeprangt – je nachdem ob sich Smilli in ihrer Nähe befand oder nicht. Ansonsten hatte VALA auf keinen der vereinzelt ankommenden Cafégäste oder auf irgendetwas anderes auffällig reagiert.

Gerade als sich Smilli enttäuscht ins Gras fallen lassen wollte, kam Pepe aus der Küchentür geschossen. Wie ein Irrer raste er hinter einem Mückenschwarm her. »Stopp, sto-ho-ho-ppt, sofort«, brüllte er, als könnte er die Insekten herumkommandieren. Die Gäste im Café, die ihm grinsend hinterhersahen, schien er nicht zu bemerken.

»Äh, sag mal – was blitzt da hinten bei Pepe so komisch in der Sonne auf?«, fragte Nick verwundert.

»Vielleicht hat er wieder seinen Antennenhut auf, um Ufos zu orten«, witzelte Smilli. Pepes merkwürdige Ufo-Aktion in der letzten Wohnung hatte sie nicht vergessen.

»Nee, guck mal, jetzt ist ihm das Teil aus der Kapuze gefallen... Warte mal, ich gebe es ihm wieder.« Mit großen Schritten eilte Nick zu dem kleinen blechernen Ding, das nun mitten auf dem Rasen lag. In der Zwischenzeit war Pepe am Gartentor angelangt und klatschte wie wild mit den Händen in der Luft herum.

»He, Pepe!«, rief Nick, »du hast da was verloren…« Doch der Rest des Satzes blieb ihm im Halse stecken. Wie in Zeitlupe bückte er sich und hob ein kleines blechernes Kästchen hoch. Es war alt und verbeult. Nick hielt es hoch, damit Smilli es besser sehen konnte. DAS KÄSTCHEN!

»Wow!«, rief Smilli, halb aufgeregt, halb ärgerlich.

Schon hüpfte Pepe an Nicks Arm hoch, um sich das Kästchen wieder zu schnappen. Eine Hand hatte er zur Faust geballt, als enthielte sie etwas Kostbares.

»Gib her, die Kissste brauch ich für mein Frosssfutter!«, lispelte er. Jetzt öffnete er kurz seine Hand und zeigte Nick stolz drei tote Mücken.

»Nichts da! Hände weg!«, rief Smilli vom Beet herüber und hechtete zu ihnen. »Das ist unser Kästchen! Wo hast du das überhaupt her, Pepe? Das haben wir schon wie verrückt überall gesucht!«

Pepe wurde rot. »Hab ich gefunden«, murmelte er und warf ihr einen trotzigen Blick zu. Smilli erkannte sofort, dass Pepe ihr das Kästchen geklaut hatte und deshalb gerade einen Anflug von schlechtem Gewissen bekam. Denn er gab zu schnell auf. Augenblicklich ließ er Nicks Arm los. Dann rannte er mit seiner Mückensammlung ins Haus zurück, ganz ohne sein übliches markerschütterndes Protestgeschrei. Smilli schnaubte. Nachher würde sie ihn zur Rede stellen. Aber jetzt war VALAs Kästchen wichtiger!

Nick hatte sich bereits ins Gras fallen lassen und drückte den Deckel langsam nach oben.

Smillis Herz schlug bis zum Hals. Hatten sie wirklich etwas übersehen?

Das Kästlein knirschte, als es aufsprang. Gebannt beugten sie ihre Köpfe darüber.

Aber sie entdeckten – nichts. Außer einigen Dellen und ein paar rostigen Stellen schien das Kästlein leer zu sein. Nick schob den knarzenden Deckel vollständig auf, bis er ganz nach hinten klappte. Jetzt sahen sie erneut die geheimnisvolle Inschrift. Sieben Reihen mit winzigen Wörtern, die sie nicht verstanden.

»Warum haben wir uns die neulich nicht von dem Kapitän übersetzen lassen«, jammerte Smilli.

»Na ja, aber der Mann hat doch sowieso gemeint, dass da nur unverständliches Zeug stehen würde«, erwiderte Nick.

Smilli grinste schief. »Ja, stimmt schon – aber wir brauchen dringend mehr Hinweise.« Sie hielt inne. Ihre Augen wurden kugelrund. »Wieso ist da eigentlich so ein weißer Fleck unter dem Deckel?«, wisperte sie.

»Was? – Oh ja, das sieht gar nicht aus wie Rost, so wie

sonst überall.« Nick sog scharf die Luft ein. »Mann, das sieht aus wie ein Papierschnipsel, der sich ins Scharnier geklemmt hat. Warte mal.« Er klappte den Deckel langsam auf und zu. »Versuch mal ihn herauszufummeln, ohne dass das Ding zerreißt.«

Das Scharnier quietschte laut, während Nick den Deckel vorsichtig hoch und runter bewegte.

»Der ist aber wirklich winzig, der Zettel«, murmelte Smilli, die so vorsichtig zog und pulte, als müsste sie einen Splitter aus einem Finger herausziehen.

Dann machte es plötzlich *ritsch* und Smilli hatte die Hälfte des Zettels in der Hand. »Oh nein, jetzt ist er doch zerrissen!«

Neugierig entfaltete sie den kleinen Schnipsel. »Hey, da stehen deutsche Wörter drauf! Ganz schön geschmiert allerdings. Ich glaube, hier steht: Höhle, Wurm, wehe... Los, wir brauchen dringend noch die andere Hälfte dazu!«

Während sie sich bemühten, auch die zweite Hälfte aus dem Scharnier zu pulen, überlegte Nick laut: »Ob der Kapitän seine Inschrift-Übersetzung auf diesem Zettel notiert hat?«

»...und den Zettel dann enttäuscht zerknüllte, weil er kein Wort verstand?«, führte Smilli den Gedanken weiter. »Dann hat er den Schnipsel in dem Kästchen vergessen, wo er sich unbemerkt ins Scharnier geklemmt haben muss.«

»Dann verstehe ich jetzt auch, warum wir den nicht schon beim ersten Mal gesehen haben«, rief Nick. Seine Augen leuchteten.

»Weil wir den Deckel nicht vollständig aufgeklappt hatten und ich nur auf den Samen gestarrt habe«, stimmte Smilli zu.

Nachdem sie weitere zehn Minuten geräuschvoll den Deckel hoch und runtergeklappt und Smillis Pinzettenfinger gepikt und gestochert hatten, hielten sie endlich das zweite Stück in der Hand. Aufgeregt legten sie die beiden Zettelstücke aneinander.

Dann entzifferten sie, was darauf geschrieben stand:

In einer roten Höhle, ganz hinten und ganz vorn,
entsteht ES.
Der rote Wurm, er formt ES fein.
Doch gib acht — falsch wie eine Schlange kann ES
sein!
Nur du kannst ES durchschau'n mit DIESEM KRAUT.
Doch wehe die Pflanze wendet sich auch gegen dich,
den Herrn!
Nur einer Sache dient sie wirklich gern.

Verblüfft sahen sie sich an.

Nick fand seine Sprache zuerst wieder. »Ehrlich, Smilli, das ist doch total durchgeknallt! Und wenn es ein Rätsel sein soll, hört es sich ziemlich schwachsinnig an.«

»Hm, kam mir zuerst auch so vor«, grübelte Smilli laut, »aber durch mein Pflanzentagebuch habe ich gelernt, dass sich manche Sachen nicht gleich im ersten Moment zeigen. Manchmal muss man Geduld haben und oft sieht und versteht man zunächst nur das, was man sehen und verstehen will...«

»Hä? Hast du gerade wieder deinen verrückten Pflanzenforscher-Rappel? Smilli! Der Text klingt total irre und vielleicht ist er sogar noch falsch übersetzt und...«

Mit roten Wangen rief Smilli dazwischen: »Aber andererseits klingt es doch auch logisch! Ich meine, wenn man etwas Besonderes vor jemandem verstecken will – so wie dieser Pflanzenmann –, dann verschlüsselt man die Anleitung dazu am besten in einem Rätsel, oder?«

»Ja, nur wenn das Rätsel so bekloppt ist, dass es niemand entschlüsseln kann, ist es ziemlich sinnlos«, erwiderte Nick.

Ratlos drehten sie das Kästchen in der Hand herum. Ob sie noch etwas entdecken würden? Aber Fehlanzeige.

Plötzlich sah Nick misstrauisch zum Beet hinüber. »Sag

mal, was soll eigentlich dieses ›doch wehe!‹ bedeuten? Ist dieses Kraut vielleicht sogar gefährlich für uns?«

»Gefährlich?«, fragte Smilli überrascht. »Nein, wie sollen Kräuter denn gefährlich werden – außer man isst ein giftiges Kraut. Naja und essen wollen wir es ja nicht. Ansonsten kann VALA wohl schlecht hinter dir herlaufen und dich mit ihrer Messer- und Revolversammlung bedrohen ...« Smilli konnte ein Kichern nicht unterdrücken. Sonst fand Nick Kräuter immer langweilig wie eingeschlafene Füße und jetzt auf einmal tat er so, als könnte eine Pflanze Mitglied einer Mafia-Gang sein.

»Haha!« Nick sprang auf und sah genervt auf die Uhr. »Mist, ich muss los. Ich sollte für meine Eltern noch was in der Reinigung abholen – sie kommen mal wieder erst nach Ladenschluss nach Hause. Tschüss!«

Nick war schneller weg, als Smilli gucken konnte. Beim Laufen stolperte er heftig über die Rasenkante am Ende des Gartens, und da wusste sie, dass er deutlich beunruhigter war, als er zugeben wollte.

Nachdenklich sah sie zu VALA hinüber. Smilli glaubte nicht, dass sie wirklich gefährlich war. Sie verfärbte sich doch bei ihr immer so wunderschön und glänzte geradezu wie ein Schmuckstück. Oh, wenn sie doch nur dieses verdammte

Zettelrätsel verstehen könnte! Sie mussten endlich mit der Entschlüsselung von VALAs Fähigkeit vorankommen. Aber egal wie sehr Smilli auch grübelte – ihr Hirn fühlte sich gerade genauso leer an wie das Kästchen. Oder so überfüllt wie ihre Bänderschublade. Am besten lenkte sie sich jetzt ab. So mancher Knoten in ihrem Kopf hatte sich beim Herumwerkeln mit leckeren Sachen oder guten Düften wie von selbst gelöst. Also los!

Mission Apfel

Am besten stellte sie so etwas Nützliches wie ihre neu erfundene Lavendelcreme her! Selbst gemachte Bio-Handcreme! Manche Kunden hatten immer wieder danach gefragt.

Smilli wollte gerade mit der Produktion beginnen und hatte schon die Shea-Butter in ein hohes Glas gefüllt. Da kam Frau Feik aus dem Laden und bat Smilli herüberzukommen und ihr zu helfen. Jemand war mit seinem Korb von unten gegen das Regal mit den Zwiebeln gestoßen und hatte es herausgehebelt. Jetzt rollten jede Menge Zwiebeln munter durch den Laden und um die Füße der Kunden. Als Smilli hereinkam, waren bereits ein paar Kunden dabei, der Verkäuferin beim Einsammeln zu helfen. Zwischen den Holzregalen und den offenen Schränken mit den vielen Gläsern mit Nudeln, Nüssen und Müsli klaubten sie die Zwiebeln auf. Smilli musste sogar unter die Regale mit den Öl-Karaffen zum Selbstabfüllen tauchen. Die letzten Zwiebeln holte sie unter der geschwungenen Theke am Eingang hervor, auf der nicht nur die Kasse, sondern auch eine Waage zum Abwiegen der Lebensmittel stand. Dann endlich war alles zurück an seinem Platz. Einige Kunden hatten geklatscht, als Smilli hochrot wieder unter der Theke aufgetaucht war. Smilli fand viele Kunden im PurPur richtig nett.

Gut gelaunt eilte sie in die Küche zurück. Nach einiger Zeit konnte sie die warme Creme in Marmeladengläser füllen, die sie vor ein paar Tagen mit getrockneten Kräutern und hübschen Bändern verziert hatte. Noch ein paar Tropfen Lavendelöl dazu, das Glas fest verschließen und alles vorsichtig durchschütteln. Dann musste die Creme eine Stunde abkühlen und durfte anschließend getestet werden. Aber das Testen machte am besten morgen wieder Nick. Smilli kicherte. Nick konnte Handcremes nicht ausstehen. Kräuterhandcremes schon gar nicht. Wenn er also sagte, die Creme wäre gar nicht so obermegaschrecklich, dann wusste Smilli, dass ihre Creme wieder 1 a war.

Plötzlich schoss ihr ein Gedanke durch den Kopf, der sie in helle Aufregung versetzte. Vorhin hatte sie auch einen roten Apfel ins Regal zurückgeräumt und gleich so ein komisches Gefühl dabei gehabt. Als hätte der Apfel eine wichtige Bedeutung. Konnte ein Apfel nicht einem Wurm als Höhle dienen?

»Nick, du musst sofort kommen!«, rief sie zwei Minuten später in ihr Telefon. »›Mission Apfel‹ muss augenblicklich starten! Endlich habe ich eine Idee, was die merkwürdigen Zeilen bedeuten könnten!«

Obwohl Nick gerade erst mit der Kleidung aus der Wäscherei bei sich zu Hause angekommen war, raste er in Lichtgeschwindigkeit zurück ins Gartencafé. Seine Laune hatte sich bei der Aussicht auf die Apfel-Mission offensichtlich stark verbessert. Aufgeregt fragte er: »Und du meinst, ›rote Höhle‹, ›Wurm‹ und ›Schlange‹ könnten mit einem Apfel zu tun haben?«

»Ja, weil doch ein Apfel eine Höhle für einen Wurm sein kann. Na ja… und in Apfelplantagen gibt es sicher auch Schlangen…«

Nicks kritischer Blick ließ Smilli verstummen. Dann murmelte sie verunsichert: »Oder zumindest diese winzigen harmlosen Schlangen, die Blindschleichen, die gibt es da doch bestimmt…«

Nick blickte Smilli immer zweifelnder an. »Aber was um Kraut willen soll da geformt werden? Was ist ES? Und we-

cher Sache dient die Pflanze?« Nick las die Zeilen noch einmal vor:

In einer roten Höhle, ganz hinten und ganz vorn,
entsteht ES.
Der rote Wurm, er formt ES fein.
Doch gib acht — falsch wie eine Schlange kann ES
sein!
Nur du kannst ES durchschau'n mit DIESEM KRAUT.
Doch wehe die Pflanze wendet sich auch gegen dich,
den Herrn!
Nur einer Sache dient sie wirklich gern.

»Ich kann mir vorstellen, dass die Pflanze etwas über den
Apfel herausfinden kann… und über den Wurm… und –
äh…« Smilli stockte. Jetzt war sie sich doch nicht mehr so
sicher.

Doch Nick sprang begeistert auf und rief: »Ja, genau, ist
doch klar! Die Pflanze hat die Fähigkeit, zu erkennen, wenn
im Apfel der Wurm drin ist! Dieser Sache dient sie!«

»Äh – welche Sache wäre das genau?«, fragte Smilli.

»Na, der – ähm – Reinheit der Äpfel!«

Smillis Gesicht begann zu leuchten. Nun sprudelte es nur so aus ihr heraus: »Ja, genau, und sie ›wendet sich auch gegen dich, den Herrn‹: Damit ist der Wurm gemeint, falls der sich als Besitzer der Apfelhöhle sieht! Wow! Und so ein Kraut als ›Wurm-Kontrolleur‹ könnten alle Obsthändler wunderbar gebrauchen! Wir könnten VALA in großen Mengen züchten, an Hunderte von Obsthändlern verkaufen und damit viel Geld verdienen, für unseren Laden!«

Nick und Smilli strahlten sich an.

»Los, komm«, meinte Smilli. »VALA soll sofort Äpfel prüfen! Wir entwenden einfach dem Fräulein PurPur für kurze Zeit eine Apfelkiste. Frau Feik merkt das bestimmt gar nicht, die bekommt sowieso nicht immer alles mit. Und kurz vor Ladenschluss stellen wir die Kiste unauffällig wieder hinein.«

Mit hochrotem Kopf schleppte Smilli wenige Minuten später eine große Obstkiste nach draußen und stellte sie ganz hinten in den Garten – so weit wie möglich vom Café entfernt. Trotzdem ernteten Smilli und Nick neugierige Blicke von den Cafégästen, als sie abwechselnd einen roten Apfel aus der Kiste nahmen und vor die größte Blüte im Kräuterbeet hielten, so als wollten sie die Pflanze damit füttern.

Kaum jemandem schien jedoch das kleine Farbspektakel dabei aufzufallen.

Näherte sich Smilli mit einem Apfel, wurde VALA wieder lila mit pinken Sommersprossen. Trat Nick zu ihr, verblasste sie in ihr Rosa zurück.

»Also, ich weiß nicht«, brummte Nick nach dem zweiundvierzigsten und letzten Apfel. »Sie reagiert auf dich und mich und nicht auf die Äpfel.«

»Ja, das Gefühl habe ich auch«, murmelte Smilli enttäuscht. Sie griff nach einem der getesteten Äpfel. »Auf diesem Apfel ist ein kleiner dunkler Punkt. Kannst du den mal aufschneiden?«

»Klar.« Nick freute sich immer, wenn er sein Taschenmesser einsetzen konnte. Geübt zerteilte er den Apfel in zwei Hälften.

Smilli schnaubte, als sie den winzigen Wurm im Gehäuse entdeckte. »Hab ich es mir doch gedacht. Na toll, diesen Wurm hat VALA jedenfalls nicht bemerkt!«

»›Mission Apfel‹ ist damit wohl gescheitert«, murmelte Nick und kratzte sich nachdenklich am Kopf. »Ist aber einen Versuch wert gewesen. Besser *eine* Idee als gar keine Idee.«

Zweifelnd sah Smilli ihn an. Ihr war klar, dass er eher meinte: besser eine Aktion als gar keine Aktion... Schweigend legten sie die Äpfel wieder in die Kiste und brachten sie gemeinsam in den Laden zurück. Frau Feik sah nicht einmal von ihrer Zeitung hoch, als sie die Kiste zurückstellten. Wenn kein Kunde im Laden war, vertiefte sich die neue Verkäuferin gern in ihre Lieblingszeitung.

Als Smilli und Nick jedoch wieder ins Café hinaustraten, um den aufgeschnittenen Apfel zu futtern, erstarrten sie.

14
Immer schlimmer?

In der kurzen Zeit, in der sie im PurPur gewesen waren, hatte VALA sich pechschwarz verfärbt. Misstrauisch blickten Smilli und Nick sich um. Aber sie konnten nichts Besonderes feststellen. Es war kurz vor Ladenschluss und nur wenige Gäste nippten an ihrem Kaffee. Dann jedoch bemerkten sie einen Mann, der gerade eben das Café betreten haben musste und noch unschlüssig vor einem der Tische stand. Ihnen stockte der Atem. Der graue Mann! Der, der gestern den Gästen irgendetwas erzählt hatte! Was hatte der hier wieder zu suchen? In diesem Moment sah der Mann hoch, erblickte Smilli und Nick, räusperte sich und verließ eilig das Gartencafé. Schnell war er durch das Tor verschwunden. Smilli und Nick sahen sich an.

»Bei diesem Mann wird VALA immer pechschwarz«, meinte Nick. »Vielleicht ist bei dem ja irgendwie der Wurm drin.«

Langsam wurde es Smilli unheimlich.

Heute Abend würde sie ihrer Mutter davon erzählen müssen.

Etwas später verabschiedete Nick sich, er musste nach Hause. Smilli machte noch eine Notiz ins Kräutertagebuch:

Kräuter-Forschungsnotiz Nr. 5

Bei Äpfeln verändert sich YALAs Farbe nicht.
Auch nicht, wenn ein Wurm drin ist.

* Lilarot mit pinken »Sommersprossen«:
  Ich nähere mich mit einem Apfel.
* Rosa: Nick nähert sich mit einem Apfel.
* Pechschwarz: Der graue Mann ist da.

Zusätzliche Beobachtungen:
Keine. Außer dass YALA gruselig aussieht, wenn
sie pechschwarz ist.

Idee von Nick: »Vielleicht ist bei dem grauen
Mann der Wurm drin.«
Stille Ergänzung von mir: Oder bei Björn?
Schließlich war YALA auch bei ihm so hässlich
braun geworden.
Nur was genau würde das heißen?
Besteht YALAs Fähigkeit darin, uns mit ihrer
Farbe etwas zu sagen? Weist sie damit etwa auf
Gefahren hin?

Smillis Hand begann beim letzten Eintrag leicht zu zittern.
Was würde Nick jetzt sagen? »Das sind doch nur Theorien,
Smilli, keep cool!«

Smilli atmete tief durch. Manchmal tat ihr Freund ihr richtig gut, sogar wenn er nicht da war. Sie glättete noch die beiden Zettelhälften und klebte sie unter den Eintrag.

Zu Smillis Kummer hockte ihre Mutter den ganzen Abend
mit Björn zusammen und sie fand keine Gelegenheit, mit
ihr allein zu sprechen. Nach ewigem Herumgrübeln schlief
Smilli schließlich ein.

Mitten in der Nacht wurde sie von einem Geräusch geweckt. Mit klopfendem Herzen schlich sie zum Fenster. Da lief jemand im Gartencafé herum! Die Gestalt eilte zwischen den Stühlen und Tischen hindurch, sprang über ihr Beet und lief zur Kastanie. Eine zweite, wesentlich kleinere Gestalt eilte hinterher. Smilli stockte der Atem. Leise öffnete sie ihr Fenster einen Spalt, um besser hören zu können. Da knatterte ein gigantischer Pups durch die Nacht.

Das konnte doch nicht wahr sein!

Dann erklang ein eintöniger Singsang. Smilli verstand so etwas wie: »Sonne, Mond und Erde... Feuer, Blitz und Pferde...« Sie beugte sich vor. »All ihr Elemente seid in eurer Schwere, das was zählt, was man zu erhalten wählt. Werft eure Kraft auf diesen Ort, nehmt alles Schlechte fort. Wir tanzen hier für euch den Elemente-Tanz... Boogie-Ying und Boogie-Yang...« Und dann pupste jemand die Melodie noch einmal allein. Pups-Solo sozusagen.

Unfassbar! Smillis Härchen auf den Armen standen zu Berge. Konnte es wirklich sein, dass dieser komische Björn da unten zusammen mit ihrem Bruder versuchte, das Karma des Ortes zu verbessern? Als tanzendes Pups-Dream-Team? Das konnte man ja wirklich niemandem erzählen.

Überhaupt: Wieso schlief ihr Bruder nicht?

Smilli tapste im Nachthemd hinüber ins Schlafzimmer ihrer Mutter. Das Bett war leer. Smilli schlich die Treppe nach unten und wollte gerade ins Wohnzimmer schlüpfen, als sie von drinnen Schluchzen hörte. Ihre Mutter weinte! Smillis Herz klopfte zum Zerspringen. Sie hatte ihre Mutter nach der Trennung nie wieder weinen sehen. Nur einmal noch, das war, weil ihr Vater mit seiner neuen Freundin in die USA ausgewandert war – ohne an Smilli und Pepe zu denken. Jetzt schluchzte ihre Mutter gerade ähnlich heftig wie damals.

Smilli öffnete die Tür und trat vorsichtig ins Wohnzimmer. Als ihre Mutter sie sah, versuchte sie schnell ihre Tränen mit einem Taschentuch zu trocknen. Dann streckte sie Smilli beide Hände entgegen: »Smilli-Schatz, ich dachte du schläfst schon fest ...«

Smilli setzte sich neben sie und lehnte den Kopf an ihre Schulter. »Mama, was ist denn? Ist es wegen Björn? Weil er so merkwürdige Dinge ...«

»Wegen Björn?«, unterbrach ihre Mutter sie überrascht. »Nein, ganz sicher nicht! Ich mag ihn – sehr sogar. Nein, unser Laden! Smilli, er läuft einfach überhaupt nicht mehr so, wie er müsste, damit wir ihn und das Café behalten können. Es ist noch viel schlimmer, als ich neulich gesagt habe.« Ihrer Mutter traten erneut Tränen in die Augen.

Smilli spürte einen riesigen Kloß im Hals wachsen. Sie hatten also kaum noch Zeit!

»Und das, obwohl ich unsere gesamten Ersparnisse in die Renovierung und die Einrichtung gesteckt habe! Was mache ich jetzt bloß?« Verzweifelt strich Frau Green sich durchs Haar.

»Seit einigen Wochen kommen sehr viel weniger Käufer in unser Fräulein PurPur«, fuhr ihre Mutter fort. »Das hast du bestimmt auch schon bemerkt, so wie ich dich kenne. Ich verstehe einfach nicht, woran das liegt. Ich kaufe bei einem fantastischen Händler ein. Herr Dünkelschmand will sich noch in diesem Jahr als Biohändler zertifizieren lassen und hat jetzt schon eine Topqualität. Pflanzt alles ohne Chemie an. Sicher, dadurch ist es nicht ganz billig, aber gemessen an anderen sind wir sogar noch einen Tick günstiger, weil wir hier draußen weniger Miete zahlen.«

Smilli runzelte die Stirn. »Am Anfang lief es doch richtig gut. Da waren die Leute begeistert von unseren Sachen ohne Plastik! Was ist bloß passiert?«

»Tja, wenn ich das nur wüsste.« Ihre Mutter seufzte. Dann bemühte sie sich um einen etwas leichteren Ton. »Guck mal die beiden Verrückten da draußen.« Sie lächelte leicht. »Pepe ist total begeistert.«

»Ja, Pepe«, murmelte Smilli. Sollte sie ihrer Mutter jetzt von diesem komischen grauen Mann erzählen und von ihrem Unbehagen mit Björn? Aber ihre Mutter war ja jetzt schon so bedrückt. Am besten, Smilli und Nick fanden selbst heraus, was es mit alldem auf sich hatte. Aber sie mussten sich beeilen.

»Gute Nacht, Mama!«

»Gute Nacht, mein Schatz! Und denk dran: So einfach geben wir nicht auf! Keine Green gibt so leicht auf!« Aber am Tonfall ihrer Mutter erkannte Smilli, dass die den Glauben an ihren alten Familienspruch langsam selbst verlor.

15
Ort des Geschehens

Voller Ungeduld legten sich Smilli und Nick zwei Tage lang auf die Lauer nach dem komischen Mann. Sie mussten herausfinden, was es mit ihm auf sich hatte. Sie waren sich fast sicher, dass VALA ihnen mit ihrer schwarzen Farbe etwas Wichtiges mitteilen wollte. Smilli und Nick hatten sich vorgenommen, dem grauen Mann sogar zu folgen, wenn es nötig war. Also bewachte einer von ihnen den Laden und der andere das Café. Jede Stunde wechselten sie.

Aber der Mann ließ sich nicht blicken. Die einzigen merkwürdigen Gestalten hier waren Pepe und Björn, die immer wieder im oder um den Laden und das Café herumturnten. Meistens half Björn allerdings ihrer Mutter. Bis auf die Momente, in denen er mit Pepe »witzige Aktionen« veranstaltete. Einen kleinen Tanz um die große Kastanie im Gartencafé oder einen zweistimmigen schrägen Gesang, während sie Geschirr aus dem Café in die Spülmaschine räumten. Bisher schienen die Gäste das lustig zu finden. Aber wenn sie erst mal Pepes Pupskonzerte hörten, würde sich das bestimmt ändern.

Smilli seufzte. War Björn wirklich so hilfreich? Ihre Mutter war trotz ihrer schrecklichen Verliebtheit jetzt noch viel blasser als sonst.

»Du, Nick«, meinte Smilli, als sie sich am Nachmittag ihres zweiten Beobachtungstags mit einem Kakao an einen der Café-tische setzten, »wir müssen VALAs Fähigkeiten jetzt schnell ergründen, sonst ist es zu spät für unseren Laden. Meine Mutter ist komplett verzweifelt. Ich bin mir sicher, dass VALA uns etwas sagen will. Wenn ich es nur verstehen würde!«

In diesem Moment kam Pepe aus der Küche und brachte jedem ein Stück Kirschkuchen an den Tisch. »Mit Grusss von Björn. Ihr sollt euch mal sssstärken.« Dabei grinste er so lieb, dass Smilli sich fragte, ob der tanzende Björn nicht vielleicht doch einen guten Einfluss auf ihren Bruder hatte. Pepe war jetzt schon zwei Tage lang auf keine einzige dumme Idee gekommen. Das war wahnsinnig lange für ihn. Gerade fand Smilli Pepe fast nett. Ein warmes, ungewohntes Gefühl für ihren Bruder machte sich in ihrer Magengrube breit.

Dann jedoch zog Pepe plötzlich etwas Kleines, Grünes aus der Hosentasche und setzte es genau neben Smillis Teller.

Das grüne Wesen sah feucht und glitschig aus und blickte selbst äußerst erschrocken. Dann hüpfte der kleine Frosch in einem hohen Bogen vom Tisch und über den Rasen, bis er durch die Lücken des schmiedeeisernen Gartentors verschwand. Ebenso schnell war auch Pepe wieder ins Haus gesprungen. Smilli und Nick hörten nur noch sein Lachen.

Sie sahen sich über ihre Kakaotassen hinweg an. Hoffentlich fand der kleine Frosch wieder gut nach Hause. Beide knabberten eine Weile schweigend an dem frischen Kuchen. Dann setzte Smilli erneut an: »Wir müssen VALA umtopfen, um mehr Infos zu sammeln und gleichzeitig am Ort des Geschehens zu sein!«

»Am Ort des Geschehens?«, nuschelte Nick mit vollem Mund. Eigentlich liebte er diese Abenteuersprache. Aber gerade saß er etwas auf der Leitung.

»Ja, Fakt ist, der Laden läuft nicht mehr richtig, stimmt's?«

»Stimmt!«, brummte Nick.

»Und Fakt ist, VALA kann irgendwas, wir wissen aber nicht was.« Smilli wartete Nicks Reaktion gar nicht mehr ab. Nervös sprach sie weiter: »Und seit VALA bei uns ist, wird sie immer wieder pechschwarz oder schlammbraun, was irgendwie krank aussieht. Oder als ob hier etwas krank wäre. Oder falsch oder kaputt oder was weiß ich!«

Nick hatte seinen Kakaobecher abgesetzt und sah Smilli an. »Und du willst das Krautgeschöpf jetzt in den Laden umsetzen, um zu sehen, ob da etwas oder jemand krank, falsch oder kaputt oder was auch immer ist?«

»Bingo!«, rief Smilli mit leuchtenden Augen. »Vielleicht kann uns VALA doch zeigen, wo der Wurm drin ist, wo es falsch läuft – nur eben nicht in einem Apfel.«

16
Nachdenkwunder

Behutsam gruben sie VALA aus und setzten sie in einen von Nicks wunderschön bemalten Tontöpfen mit frischer Erde. Kaum beugte sich Smilli über sie, strahlte VALA wieder in leuchtendem Lilarot und ihre pinken Sommersprossen glühten.

»Ich mag dich auch!«, flüsterte Smilli in einem unbeobachteten Moment ihrer Pflanze zu. Sie fühlte sich von ihr gemocht. So als würde sich VALA immer etwas besonders Schönes anziehen, wenn Smilli kam. Smilli wusste, dass der Farbwechsel auch ganz andere Gründe haben konnte, aber ein bisschen hoffte sie, dass das stimmte. Sanft strich sie über eins ihrer Blütenblätter. Wie angenehm seidig sich VALA anfühlte! Ein zärtliches Gefühl für diese geheimnisvolle Pflanze stieg in Smilli hoch.

Sie nahm sie und trug sie ins Fräulein PurPur.

Frau Feik war überrascht, fand die Pflanze aber sehr schmückend für den Verkaufstresen. So war VALAs Aufenthalt im Laden erst einmal genehmigt. Smilli wurde ganz kribbelig. Sie war sich plötzlich sicher, dass etwas passieren würde ...

Doch schon nach einer Stunde meinte Frau Feik: »Ihr beiden braucht mir nicht die ganze Zeit zu helfen, ehrlich. Es sind ja kaum Kunden da.« Sie lächelte. Ihr blasses Gesicht kam Smilli immer ein bisschen verschreckt vor.

Bisher hatte VALA ihre blassrosa Farbe behalten – genau wie Frau Feik. Alles normal also ... Und da Smilli und Nick bisher nur zwei Kunden beim Abfüllen von Waren hatten helfen können und sich ansonsten zwischen den Regalen herumgedrückt hatten, war ihnen tatsächlich langweilig geworden.

»Was hältst du davon, wenn wir nebenbei was Schönes in der Küche fabrizieren?«, raunte Smilli Nick zu. Die Küche war jetzt frei, da ihre Mutter erst morgen wieder Kuchen fürs Café backen würde.

»Oh ja! Das ist bestimmt spannender und gleichzeitig können wir immer wieder einen Blick auf VALA werfen. Lass uns doch deine leckeren Kräuterbonbons machen – das Glas ist sowieso fast leer. Damit kann ich viel besser nachdenken und Rätseln auf die Spur kommen.« Nick grinste sie an.

»Gute Idee! Nicht umsonst werden sie ja auch die *Nachdenkwunder* genannt!«, witzelte Smilli. Auf die Bonbons hatte sie auch Lust. Im Stillen überlegte sie schon, ob sie die Bonbons vielleicht mal in Brotpapier wickeln sollte, das Nick bemalen könnte. Nachdenkwunder in einem von Mamas hohen Gläsern würden bestimmt sehr gut aussehen und sich prima verkaufen.

Smilli krempelte ihre Ärmel hoch, lief die Treppe in den ersten Stock hoch und fragte ihre Mutter, die im kleinen Bürozimmer über ihren Einnahmen- und Ausgaben-Tabellen grübelte, um Erlaubnis.

Und da Björn heute Vormittag im Garten ein paar Stühle und Tische ausbesserte und hin und wieder einen Blick in die Küche werfen konnte, durften sie. Ihre Mutter meinte sogar: »Gute Idee! Deine Bonbons sind etwas Besonderes und total lecker. So etwas brauchen wir.« Frau Green lugte hinter ihrem Computerbildschirm hervor und bemühte sich, zuversichtlich zu lächeln. Smilli ging einmal um den Schreibtisch herum und drückte sie. Am liebsten hätte sie gesagt: Gib noch nicht auf, Mama, Nick und ich sind schon an der Lösung dran mit unserer geheimen Pflanze. Aber sie wusste genau: Ihre Mutter würde denken, nun sei sie endgültig verrückt geworden – und ihr womöglich sofort das Kräuterbeet wegnehmen, damit diese »Spinnereien« aufhörten. Das konnte Smilli nicht riskieren. Also sagte sie nichts. Sie eilte mit Nick ins Gartencafé, um frischen Salbei und ein wenig Thymian für die Bonbons zu ernten.

In der Küche wuschen sie die Kräuter. Dann zerkleinerte Smilli sie mit einem hübschen Wiegemesser, das zu ihrer Kräuterausrüstung gehörte und auf das sie sehr stolz war.

In der Zwischenzeit legte Nick Backpapier auf ein Holzbrett, das so groß wie ein Backblech war. Gemeinsam füllten sie dann Rohrzucker in einen Kochtopf. Bei mittlerer Hitze begannen sie den Zucker zu erhitzen. Als er zu schmelzen begann, bat Smilli Björn kurz dazu. Ihre Mutter wollte immer, dass ein Erwachsener dabei war, wenn sie mit heißen Flüssigkeiten hantierte. Der Zucker wurde leicht braun und schnell gaben Smilli und Nick den fein zerkleinerten Salbei und etwas Thymian dazu. Smilli wusste, dass es bei frischen Kräutern immer zischen und spritzen konnte, wenn man sie hineingab, deshalb hielten sie zunächst Abstand zum Topf.

Zügig rührten sie die Kräuter dann unter die Zuckermasse. Mit dicken Backhandschuhen hob Smilli den Topf vom Herd und begann kleine Tropfen auf das vorbereitete Backpapier zu kleckern. Sie bemühte sich, die Tropfen ungefähr so groß wie ein 1-Euro-Stück werden zu lassen.

»So, nun müssen unsere Nachdenkwunder nur noch aus-
kühlen!«, sagte sie. Doch Nick wollte sie noch rollen, damit
sie eine bessere Bonbonform bekamen und keine Taler blieben. Und das ging nur einen kurzen Moment lang. Nämlich
dann, wenn man sich an der Masse nicht mehr die Hände
verbrannte, sie aber auch noch warm genug war, um sie in
der Hand zu einer Kugel zu formen. Smilli sah, wie Nick darauf lauerte, den richtigen Moment abzupassen. Immer wieder berührte er kurz die Masse, bis er endlich einen Taler in
die Hand nehmen konnte. Smilli rollte schnell mit. Es gelang
ihnen, fast alle Taler zu Kugeln zu formen. Die letzten drei,
die bereits zu fest waren, verteilte Smilli an Nick, Björn und
sich selbst. Ihrem Bruder würde sie nachher einen verpack-
ten Bonbon schenken, wenn er von seinem Fußballtraining
zurück war. Obwohl sie nach der Aktion mit dem Frosch
eigentlich wieder mal bedient von Pepe war.

»Mmmh, wow!«, murmelte Björn lutschend. »Kräuterprinzessin Smilli Green ... Jetzt verstehe ich, warum man dich so
nennt. Wie konnte ich Kräuter früher nur total uninteressant
finden!« Er zwinkerte ihnen zu und ging zurück ins Gartencafé.

Diesmal hatte es gut mit Björn geklappt und manchmal
war er sogar ganz nett. Aber dieser Karmatänzer sollte sich

trotzdem nicht einbilden, dass Smilli erfreut war, dass er nun ständig an der Seite ihrer Mutter klebte oder mit Pepe Pupstänze aufführte. Eigentlich hoffte Smilli, dass ihre Mutter sich genauso schnell, wie sie sich in ihn verliebt hatte, auch wieder entlieben würde.

Zügig schnitten die beiden Freunde kleine Quadrate aus Brotpapier. Smilli holte ihre Buntstifte und schon entwarf Nick einen schönen Schriftzug für die Verpackungen: *Nachdenkwunder.*

Er verzierte die Aufschrift mit rankenden Kräutern und nickte dann zufrieden. Jetzt konnte die Großproduktion des Bonbonpapiers beginnen. 30 Stück musste er bemalen. In der Zwischenzeit wollte Smilli die Küche aufräumen. Sie hatte gerade begonnen, den Topf auszuwaschen, als sie ein merkwürdiges Geräusch hörten.

17
Noch mehr Fragen!

Smilli und Nick hetzten durch den Flur zum Fräulein PurPur. Mit einer Vollbremsung hielten sie vor der Tür, die von hinten in den Laden führte. Jetzt war das Geräusch noch lauter.

»Bellt da ein Hund?«, fragte Nick, während sie durch die geschlossene Tür lauschten.

»Hört sich eher wie Mäusebellen an«, entgegnete Smilli und grinste. »So hoch und piepsig.«

»Ist vielleicht ein winziger Hund«, überlegte Nick.

Vorsichtig öffneten sie die Tür. Tatsächlich: Im Laden stand eine ältere Frau, aus deren Handtasche ein Mini-Hündchen hervorlugte.

»Könnte das nicht die Freundin von Herrn Blümelein sein? Die mit dem Hund in der Handtasche? Lina oder so«, flüsterte Nick.

»Linda«, erinnerte sich Smilli.

Nun hörten sie, wie die Frau offensichtlich auf eine Frage von Frau Feik antwortete: »Ach was, nein, allein fühle ich mich gar nicht in meiner neuen kleinen Wohnung. Trotzdem ist es gut, so ein schönes Café wie Ihr Gartencafé in der Nähe zu wissen.« Smilli stieß Nick an. Das *musste* Linda sein. »Führen Sie eigentlich auch selbst gemachte Bio-Handcreme?«, fuhr die Frau fort. Ihr Hündchen bellte unverdrossen weiter.

Smilli grinste stolz. Von ihrer Lavendelcreme waren noch zwei Gläser hinten im Laden-Kühlschrank. Aber so wie es aussah, würde sie bald wieder neue machen müssen ...

»Das gibt es doch nicht!«, jaulte Nick plötzlich auf. Er zeigte auf VALA, deren Blüte genau hinter Linda und Frau Feik hervorragte.

»Igitt, wieso wird sie wieder so hässlich schwarzbraun?«, japste Smilli. »Mag sie keine Hunde? Oder Gebell? Oder Lärm?«

»Oder hat sie was gegen Linda?«, überlegte Nick.

»Aber warum? Sie wirkt doch ganz harmlos«, meinte Smilli. »Was will VALA uns bloß sagen? Bleib du hier auf Beobachtungsposten, ich hole schnell mein Kräutertagebuch.«

Wenige Minuten später stand Smilli wieder neben Nick im Flur. Sie lehnte das Buch an seinen Rücken und notierte:

Kräuter-Forschungsnotiz Nr. 6

* Rosa: YALA steht im Laden auf der Theke – den ganzen Vormittag lang.
* Schwarzbraun: während des Gesprächs zwischen Frau Feik und Linda samt Hund

Zusätzliche Beobachtungen:
Linda sagte: »Ach was, nein, allein fühle ich mich gar nicht in meiner neuen kleinen Wohnung. Trotzdem ist es gut, so ein schönes Café wie Ihr Gartencafé ganz in der Nähe zu wissen! Führen Sie eigentlich auch selbst gemachte Bio-Handcreme?«

Der winzige Hund bellte dazu.

Mögliche Vermutungen:
1. Mag YALA keine Hunde – oder kein Hundegebell?
2. Mag sie keinen Lärm?
3. Mag YALA keine Unterhaltungen?
4. Mag YALA Linda nicht?
Oder ... oder ... oder was?
Zu viele Frage und zu wenig Antworten.

Smilli war kaum fertig, da wurde es erneut laut im Laden. Diesmal hörten sie Kindergebrüll. Als Smilli und Nick die Tür aufschoben, sahen sie, wie sich ein kleines Kind vor dem Tresen hinwarf und brüllte: »Die Frau mag ich nicht!« Dabei deutete es auf Linda. Dann schrie es weiter: »Ich will jetzt aber Lollo!« Es zeigte auf die kleinen Honig-Lollis, die vorne auf dem Tresen standen.

Auch wenn die Szene merkwürdig wirkte – Smilli und Nick stockte wegen etwas anderem der Atem: VALA. Die Pflanze verfärbte sich gerade wieder in ihr schönstes Lila mit pinken Sommersprossen.

»Wie bitte?«, raunte Nick.

»Das Geschrei kann VALA doch nicht gut finden«, sagte Smilli.

»Dann hat ihre Farbe wohl doch nichts damit zu tun, dass sie jemanden mag oder etwas gut oder schlecht findet«, stimmte Nick ihr zu.

»Ich steige echt nicht mehr durch«, murmelte Smilli. Wieder begann sie auf Nicks Rücken in ihr Buch zu schreiben:

Kräuter-Forschungsnotiz Nr. 7

Lilarot mit pinken »Sommersprossen«: Dreijährige schmeißt sich hin und brüllt total unhöflich durch den Laden: »Die Frau mag ich nicht!« und »Ich will jetzt aber Lolló!«

Smilli hatte kaum fertig geschrieben, da hielt sie die Luft an. Die Stimme, die jetzt aus dem Laden drang, kannten sie doch!

18
Verfolgung

»Der graue Mann!«, wisperte Nick. »Los, mach die Tür noch mal einen Spalt auf!«

Da stand der Mann. Mit einer Packung Eier in der Hand, die er Frau Feik vor die Nase hielt. »Sind das auch wirklich Bioeier?«, wollte er wissen. »Man kann das immer so schwer überprüfen.«

»Wie bitte? Ach so, ja, das können Sie an der Null hier am Anfang des Herkunftsstempels auf dem Ei sehen.« Frau Feik hielt dem Mann eines der Eier aus der Packung entgegen.

»Ja, ja, hm, hm, ach so...«, murmelte er. »Bio ist mir näm-lich sehr wichtig.«

Dann bezahlte er die Eier und eilte nach draußen.

»Und VALA...«, flüsterte Smilli Nick ins Ohr.

»...ist schwarz – abgrundtief schwarz!«, beendete der Smillis Satz.

»Obwohl der Mann nichts Merkwürdiges gesagt oder getan hat, oder?«, überlegte Smilli.

»Ja, komisch. Warum nur verfärbt sich diese Pflanze?«, murmelte Nick. Plötzlich rief er: »Bin gleich wieder da!«, und raste durch den Laden, vorbei an der verblüfften Frau Feik und durch die Eingangstür hinaus.

Verwundert sah Smilli ihm hinterher. Wenige Minuten später surrte ihr Handy. Es war eine Nachricht von Nick: »Aktion ›Verfolgung grauer Mann‹ gestartet.«

Besorgt starrte Smilli auf ihr Handy. Hätte sie hinterherlaufen sollen? Aber dann hätte sie VALA aus den Augen lassen müssen. Hoffentlich passierte Nick nichts. Wer weiß, wohin der graue Mann unterwegs war ...

Zwei Minuten später traf Nicks nächste Nachricht ein:

»Mist, der hat zwei Straßen weiter geparkt und ist jetzt in sein Auto gestiegen und abgezischt. Keine Chance, ihm mit dem Fahrrad hinterherzukommen. Habe Nummernschild notiert. Scheint aus der Gegend zu kommen.«

Smilli schnaubte. Blöd! Und wieso kam der nur für eine Packung Eier extra mit dem Auto hierher?

Aufgeregt zückte sie ihr Notizbuch. In dem Moment kam Nick schon wieder schwer atmend durch die Hintertür. »Tut mir leid, da hatte ich keine Chance«, schnaufte er.

Smillis Hand mit dem Stift zitterte ein wenig. »Ich trage das alles mal so ein. Wir brauchen den Mann im Grunde gar nicht zu erwischen. Als geniale Pflanzenforscher können wir schon bald die vielen Einträge auswerten und eine tierisch oder, äh, besser gesagt *pflanzlich* geniale Schlussfolgerung ziehen. Dann werden wir auch das Kauderwelsch aus dem Samenkästchen verstehen und VALA für unsere Zwecke einsetzen können.« Smilli sah Nick an.

Der starrte zurück.

Glaubte er etwa nicht daran? Aber Smilli wusste, dass sie noch mehr draufhatte, als nur Pflanzen zu züchten und schöne Sachen daraus herzustellen. Irgendwas sagt ihr, dass sie kurz davor waren, VALAs Geheimnis zu lüften! Nick würde schon sehen ... hoffentlich!

Kräuter-Forschungsnotiz Nr. 8

Abgrundtief schwarz: Der graue Mann ist im Laden.

Weitere Beobachtung:
Er sagt: »Sind das auch wirklich Bioeier? Man kann das ja immer so schwer überprüfen« und »Ja, ja, hm, hm, ach so. Bio ist mir nämlich sehr wichtig!«

Dann setzt er sich in sein Auto, das er zwei(!) Straßen weiter geparkt hat und düst davon.

Mögliche Vermutung: keine Ahnung!

»Keine Ahnung?«, las Nick laut vor. Dann grinste er. »Okay, geniale Pflanzenforscherin, was will uns das also sagen?«

Smilli knuffte ihn in die Seite. »Nichts. Noch nicht. Aber

warte nur ab…« Doch Smilli war längst nicht so sicher, wie sie klang. Und sie wusste, dass Nick es wusste. *Seufz.*

Vielleicht konnte es nicht schaden, erst einmal ein Nachdenkwunder zu lutschen. Oder auch zwei. Und während sie und Nick die anderen Bonbons meditativ in ihre hübschen Verpackungen wickelten, warteten sie darauf, dass die gelutschten »Wunder« Wunder wirkten. Doch sie schienen eine ziemlich lange Einwirkzeit zu haben.

19
Vala in Not

»Sie müssen uns helfen!«

Mit VALA in der Hand standen Smilli und Nick vor Herrn Blümelein. Die Pflanze war kaum wiederzuerkennen. Fast konnte man denken, sie wäre eingegangen. Die Blüte und die Hälfte ihres Stängels hingen schlaff herunter bis zum Blumentopf. Sie sah merkwürdig trocken und eingefallen aus, obwohl Smilli sie die ganze Zeit gegossen und ihre Erde stets so feucht wie nötig gehalten hatte. Alles an VALA war fahl und leblos. Nur der Blütenkopf war in einem Schwarz erstarrt, das wie eingebrannt wirkte. Hätte Smilli es nicht besser gewusst, hätte sie gedacht, jemand hätte an den Rändern der Blütenblätter herumgezündelt, so angekokelt und vergilbt schwarzbraun sahen sie aus. Und gleichzeitig wirkten sie grau wie unter einem Nebelschleier. Vollkommen saftlos.

»Oh, mein Gott!«, rief Herr Blümelein. »Da wagt man ja gar nicht mehr auszuatmen, aus Angst, sie könnte zu Staub zerfallen! Das sieht dir gar nicht ähnlich, Smilli, du mit deinem grünen Daumen. Was ist passiert?«

»Wenn wir das nur wüssten!«, sagten Smilli und Nick wie aus einem Mund.

»Hm, es sieht so aus, als hätte es eine äußerst starke Einwirkung oder ein Ereignis gegeben«, überlegte Herr Blümelein laut. Dabei kraulte er ein hellbraunes Alpaka über den Zaun hinweg und hielt es gleichzeitig davon ab, VALA anzuknabbern.

»Wir sind vorgestern mit Björn in den Großmarkt gefahren, weil ich Handcreme-Zutaten kaufen wollte«, berichtete Smilli. »Und danach waren wir noch auf dem Markt, weil wir Mama besonderen Rhabarber mitbringen sollten für ihren Kuchen.«

Nick schaltete sich ein. »Als wir dann am späten Nachmittag wieder zu Hause waren, haben wir VALA auf dem Tresen so schrecklich vorgefunden!«

Deshalb hatten sie beschlossen, einen Erwachsenen einzuweihen. Einen, der Verständnis für Besonderes hatte. Und der sie nicht so schnell für verrückt erklären würde. Letztens hatten sie sogar gehört, wie Herr Blümelein seinem Mitarbeiter erzählte, dass Bäume miteinander reden würden, über Duftstoffe nämlich.

»Wir haben sie nur einen Tag lang im Fräulein PurPur allein gelassen! Am Dienstag war das. Wenn wir das geahnt hätten, wären wir nie weggefahren«, murmelte Smilli.

»Und seitdem haben wir alles versucht, damit sie sich wieder erholt«, erzählte Nick. »Sie stand neben dem Kräuterbeet, danach in Smillis Zimmer und seit heute Morgen sogar in der Küche...«

»Aber nichts hat geholfen! Sie hat sich nicht mal ein winziges bisschen erholt«, wisperte Smilli.

Herr Blümelein runzelte die Stirn. »An einem Tag geht eine Pflanze normalerweise nicht einfach so ein.«

Als er ihre unglücklichen Gesichter sah, meinte er: »Wie wäre es erst mal mit einem Kakao auf meiner Terrasse mit Blick auf die Alpakaweiden? Wartet mal, ich sage nur eben Karo und Emil Bescheid, dass sie die Heuraufen alleine weiter auffüllen sollen.«

Zehn Minuten später servierte Herr Blümelein Smilli und Nick dampfend heißen Kakao. Dankbar drückten sie sich in die dicken Polster seiner Gartenstühle. Langsam wurden sie ein wenig ruhiger. Was auch an den Alpakas liegen konnte, die vor ihnen auf der Weide seelenruhig vor sich hin kauten.

Herr Blümelein schmunzelte: »Ja, Alpakas helfen gegen fast alles, am meisten aber gegen Hektik. Sie strahlen eine Gelassenheit aus, die einfach ansteckend ist.« Er blinzelte Smilli und Nick zu und hob seine Tasse.

Plötzlich verschluckte Nick sich fast an seiner Schokomilch. »Hey, seht mal!« Er zeigte auf VALA, die Smilli an den Rand der Terrasse gestellt hatte.

»Was denn?«, wollte Smilli wissen.

»VALA hat sich eben bewegt!«

Smilli drehte sich um. »Quatsch, ich sehe nichts.«

»Jetzt ist sie ja auch wieder ruhig«, entgegnete Nick enttäuscht.

»Was hat es eigentlich mit dieser Pflanze auf sich?«, fragte Herr Blümelein. »Ich ahne, dass sie kein normales Kraut ist…«

Und so weihten die beiden Freunde ihn ein und erzählten ihm alles, was sie von VALA wussten. Sogar den komischen Kästchenspruch sagten sie ihm auf. Sie kannten ihn bereits in- und auswendig, weil sie Tag und Nacht darüber grübelten. Sie erzählten ihm auch, dass sie hofften, mit VALA das Fräulein PurPur zu retten.

Herr Blümelein lachte sie nicht aus. »Das sind überraschende Infos, das muss ich zugeben«, brummte er. »Und das mit eurem Laden tut mir sehr leid.« Er strich sich mit der Hand durchs Haar. »Hm, zu eurem Spruch kommt mir auch keine zündende Idee. Jemand wollte wohl vermeiden, dass das Rätsel leicht gelöst werden kann. Euer Kraut scheint wirklich etwas Besonderes zu sein – der Samen war sicher mal für jemanden extrem wertvoll.« Nachdenklich hielt er einen Moment inne. »Ich halte es übrigens tatsächlich nicht für ausgeschlossen, dass VALA euch helfen kann. Ich schlage vor, dass ihr VALA diese Nacht bei mir lasst. Denn guckt mal, jetzt trägt sie ihren Kopf schon wieder ein wenig höher, oder irre ich mich?«

Verblüfft starrten Smilli und Nick zu ihrem Kraut hinüber.

»Dann habe ich mich vorhin doch nicht getäuscht«, rief Nick. »Sie hatte da schon versucht, ihren Kopf aufzurichten!«

»So falsch kann es hier also nicht sein«, brummte Herr Blümelein. »Nur Mut, bei mir ist sie gut aufgehoben.«

Smilli und Nick mussten zugeben, dass Herr Blümelein recht haben könnte. Trotzdem fiel es ihnen schwer, ohne VALA nach Hause zu gehen. Nick mochte nicht einen einzigen Stein auf dem Rückweg mitnehmen und Smilli entdeckte kein Kraut, das gut in ihr Kräuterbeet gepasst hätte. So etwas gab es bei ihnen sonst nie …

»Ich kann heute bestimmt nicht einschlafen«, murmelte Smilli, als sie sich nebeneinander unter die Kastanie fallen ließen. Alle Gäste hatten das Café bereits verlassen, nur Knatter gesellte sich noch zu ihnen. »Wie soll ich schlafen, wenn VALA vielleicht diese Nacht stirbt?« Smillis Stimme zitterte, während sie Knatter streichelte. Als wollte er sie beruhigen, schmiss der Kater seinen Schnurrmotor an. »Sie ist doch meine große Hoffnung gewesen!«, fuhr Smilli fort. »Dann hätte ich wirklich alles falsch gemacht. Statt mit dir über Werbung für Fräulein PurPur nachzudenken, habe ich ein Kraut gezüchtet, das schneller hin ist, als ich gucken konnte. Bald ist es für unseren Laden zu spät! Und außerdem ist mir die leuchtende VALA ans Herz gewachsen...«

»Na ja, bei Pflanzen heißt das wohl eher ›eingehen‹ als ›sterben‹«, versuchte Nick sie zu beruhigen, aber er erntete nur einen funkelnden Blick von Smilli. »Äh, ich wollte damit nur sagen: Deine Idee war viel besser, als ich am Anfang gedacht habe, ehrlich! Ich bin echt kein Krautfan, das weißt du! Aber VALA ist etwas Besonderes! Und vielleicht übersteht sie ja die Nacht und erholt sich sogar ein bisschen.«

Smilli starrte ihn an. An seinem zusammengekniffenen Mund sah sie, dass er nicht nur ihr, sondern auch sich selbst

Mut zusprechen wollte. In der Stille zwischen ihnen war nur Knatters Brummen zu hören.

Schließlich hielt Smilli es nicht mehr aus. Sie stand auf, lief in die Küche und begann Brot zu backen. Ihr Lieblingskräuterbrot, das im Laden und im Café besonders gut lief. Die wenigen Kunden, die kamen, fragten stets danach. So konnte sie wenigstens noch etwas fürs Fräulein PurPur tun.

Nick bemalte noch ein paar Steine, dann fuhr er nach Hause. Smilli sah ihm nach. Ihr Freund wirkte seltsam klein auf seinem Fahrrad.

Abends machte sie mit mulmigem Gefühl noch eine Notiz ins Kräuterbuch, bevor sie ins Bett ging.

Kräuter-Forschungsnotiz Nr. 9
(Die letzte?)

Staubtrocken und schwarz: YALA nach einem Tag allein auf dem Tresen im »Fräulein PurPur«: so schlimm wie nie!
Weitere Beobachtung:
Leider keine, weil wir den ganzen Tag weg waren.

Weitere Forschungen:
Befragung von Frau Feik und Mama, ob ihnen
irgendjemand oder irgendetwas im Laden
aufgefallen ist. Beide antworteten:
»Nein, überhaupt nicht! Es war alles vollkommen
normal! Alles so wie immer, ganz sicher!«
Feststellung: Bisher hat kein Ortswechsel (neben
dem Beet, in meinem Zimmer, in der Küche)
geholfen. YALA bleibt fast vertrocknet und
sieht irgendwie angekokelt aus.
Erste-Hilfe-Maßnahme: YALA verbringt die
Nacht auf der Alpakafarm.
Wer weiß ...

20
Tierische Wellnessfarm

Am nächsten Morgen wurde Smilli davon wach, dass Nick an ihre Tür klopfte. Kein Wort war zwischen ihnen nötig. Smilli huschte nach einer kurzen Katzenwäsche ohne Frühstück mit Nick aus dem Haus. Schweigend liefen sie auf dem Trampelpfad Richtung Alpakafarm. Smilli umklammerte ihr Kräutertagebuch. Falls es gleich etwas Schreckliches zu sehen gäbe, könnte sie versuchen, das Ganze rein wissenschaftlich zu betrachten. Und zumindest wichtige Details festhalten. Dann würden sie Plan B zur Rettung des Ladens erfinden müssen. Aber was sollte das sein? Smilli versuchte den Kloß in ihrem Hals runterzuschlucken.

Sie hörten ein vertrautes Summen, das sie schon von den Alpakas kannten. Und dann standen sie auch schon vor der großen Weide. Die Alpakas kauten vor sich hin und blickten kaum hoch. Smilli und Nick liefen um die Weide, bis sie wieder auf der großen Terrasse von Herrn Blümelein standen. Hoffentlich war er überhaupt schon wach.

Als sie die Terrasse betraten, erschraken sie. VALA war verschwunden! Dort, wo sie gestanden hatte, glänzten nur leere Holzdielen. Smilli griff nach Nicks Hand. In der anderen spürte sie ihr Tagebuch. War es das jetzt? Musste sie jetzt das letzte Kapitel für VALA und den Laden schreiben? Hatte Herr Blümelein VALA womöglich schon auf dem Kompost entsorgt?

Nick sah sich um. »Guck mal, Wollpi ist gar nicht auf der Weide bei ihrer Mutter«, meinte er. »Herr Blümelein gibt ihr bestimmt gerade die Flasche. Dann muss er schon auf sein. Komm!« Sie liefen zu den kleinen Ställen, um den Farmbesitzer zu suchen. Da schrie Smilli auf einmal: »VALA!« Sie riss sich von Nick los und warf sich neben der Weide ins Gras. Dort nahm sie den Topf mit VALA hoch. Einer rosafarbenen, aufrechten, wunderschönen VALA. Am liebsten hätte Smilli ihr Gesicht an die Blüte gedrückt. Aber das ließ sie lieber bleiben, nicht, dass die noch abbrach. Hauchzarte, pinke Tupfen erschienen auf den Blütenblättern. Smillis Herz hüpfte und sie hätte sich nicht gewundert, wenn sich ihre eigenen Sommersprossen vor Freude pink verfärbt hätten.

»Sie sieht ja wieder frisch und putzmunter aus!« Nick bemühte sich um einen lockeren Tonfall. Aber Smilli hörte seiner Stimme die Erleichterung an. »So eine Alpakafarm scheint ja die reinste Wellnessoase zu sein!«

»Allerdings«, brummte es da hinter ihnen. Herr Blümelein hatte eine leer getrunkene Nuckelflasche in der Hand und lachte. »Ich habe eure Pflanze gestern spät abends etwas näher an den Weidezaun gestellt, weil meine Alpakas doch so eine beruhigende Wirkung haben. Obwohl: Ich finde ja, dass Tiere fast immer eine gute Ausstrahlung haben. Die tricksen selten und verbreiten keine unnötige Unruhe ...«

Smilli musste sich kurz an Herrn Blümeleins Bauch drücken. Sie freute sich einfach zu sehr.

»Gern geschehen!«, brummte der grinsend. »Eure VALA ist wirklich was Besonderes! Hätte nicht gedacht, dass sie sich noch mal vollkommen erholt. Und jetzt muss ich das Fläschchen hier nachfüllen, Wollpi kann heute gar nicht genug bekommen.« Er zwinkerte ihnen noch einmal zu, dann verschwand er im Haus.

Vorsichtig, so als trügen sie vergoldetes Porzellan, gingen Smilli und Nick mit VALA nach Hause. Dabei fiel Smillis Blick auf ein kleines Blatt direkt unter VALAs Blütenkopf. »Huch, guck mal, ist das neu?«

Nick beugte sich vor. »Habe ich jedenfalls noch nie gesehen. Aber wieso ist das weiß? Ihre Blätter sind doch sonst immer grün.«

»Panaschiert!«, murmelte Smilli.

»Bitte was? Palm-Shit?«

»Nein«, grinste Smilli. »Das Blatt ist ein panaschiertes Blatt. So etwas kommt selten vor. Das macht eine Pflanze immer aus einem bestimmten, tieferen Grund. Zum Beispiel wenn sie damit Insekten anlocken will oder Feinde verwirren oder so ...« Smillis Herz klopfte schneller. Was für einen Grund hatte dieses neue, panaschierte Blatt bei VALA?

»Guck mal, sind da nicht kleine grüne Pünktcher auf dem Weiß? Sieht fast aus wie eine Reihe winziger Os.« Nick grinste. »Dieses Kraut ist wirklich alles andere als langweilig. Es fehlt nicht mehr viel, und ich werde auch noch zum richtigen Kräuterfan ... Außer VALA entpuppt sich doch noch als fleischfressende Monsterpflanze.«

Smilli rollte mit den Augen.

Kaum waren sie im Gartencafé angekommen, ließ Smilli sich auf einen der Caféstühle fallen und holte ihre Stifte heraus.

Kräuter-Forschungsnotiz Nr. 10

* Rosa: YALA hat sich nach einer Nacht auf der
  Alpakafarm – ganz nah neben den Alpis –
  fantastisch erholt!

Weitere Beobachtung:
Die Alpakas strahlen wirklich eine tolle Ruhe aus!

Bemerkung von Herrn Blümelein dazu: »Ich finde
ja, dass Tiere fast immer eine gute Ausstrahlung
haben. Die tricksen selten und verbreiten keine
unnötige Unruhe.«
Entdeckung: YALA ist unter dem Blütenkopf ein
weißes Blatt gewachsen mit winzigen grünen
Pünktchen darauf. Die sehen fast aus wie eine
Reihe Os. So ungefähr: o o o o o o

»So, bist du fertig mit deinem Schreibkram? Dann wieder ab auf den Tresen mit ihr! Wir müssen weiterforschen!« Nick griff nach VALA.

»Aber diesmal lassen wir sie keinen Moment aus den Augen!«, meinte Smilli, die ihre Finger nur langsam vom Topf lösen konnte.

»Abgemacht! Hoheitliches Kräuter-Ehrenwort«, grinste Nick.

Gemeinsam trugen sie VALA wieder in den Unverpackt-laden. Es war kurz vor Ladenöffnung und ihre Mutter würde gleich herunterkommen. Heute war Frau Feiks freier Tag.

21
Einen Mann an der Pflanze

Frau Green schmunzelte, als sie sie mit der Pflanze im Arm erblickte. »Na, euer Kraut sieht ja wieder besser aus. Aber was ist mit euch passiert? Seid ihr aus dem Bett gefallen? Ich dachte, ihr habt Ferien.«

Smilli und Nick waren froh, dass Frau Green sofort fortfuhr: »Aber wenn ihr schon einmal hier seid, könntet ihr vielleicht die erste halbe Stunde den Laden übernehmen? Dann können Pepe, Björn und ich noch in Ruhe frühstücken. Heute ist bei mir viel los, weil noch eine Nachlieferung von unserem Bauern reinkommt.«

Nick und Smilli nickten eifrig. Das passte ihnen gut. So mussten sie sich bei ihren Beobachtungen nicht besonders unauffällig benehmen.

»Ach und übrigens…« Smillis Mutter blieb noch einmal stehen. »Hatte ich euch gesagt, dass wir heute auch unseren

Event-Nachmittag haben? Eine Autorenlesung mit Saxophon-begleitung im Gartencafé. Ich bin selbst gespannt. Das hatte ich mal eingefädelt, als ich noch dachte, hier wäre immer alles voller Leute... na ja.« Ihre Stimme wurde leiser. »Nun müssen wir es durchziehen.« Dann war sie im Flur verschwunden.

»Durchziehen – oh Mann, meine Mutter klingt immer verzweifelter! Also wird hier heute ganz schön viel Betrieb sein«, überlegte Smilli laut.

»Ja, wir dürfen uns davon auf keinen Fall ablenken lassen. Einen Mann müssen wir immer an der Pflanze haben!«

»Hä?« Smilli guckte verständnislos.

Nick wurde rot. »Nur so ein Schnack. Das sagen sie so bei der Polizei, glaube ich...«

Smilli verdrehte die Augen. Dann griff sie in eines der Bon-bongläser und reichte Nick ein Nachdenkwunder. »Vielleicht hilft's ja?« Smilli grinste.

Nick wollte etwas erwidern, doch da öffnete sich klingelnd die Ladentür. Er verstummte.

Ganz wie professionelle Verkäufer grüßten sie die ältere, elegant gekleidete Frau, die gerade eintrat. Geschäftig begannen sie Gläser und Kisten zurechtzurücken.

»Oh, sind Frau Feik oder eure Mutter nicht da?«, fragte die Kundin überrascht.

»Meine Mutter kommt gleich wieder. Was brauchen Sie denn?«, fragte Smilli.

»Diese schöne Lavendelcreme, die ich neulich gekauft habe. Die hätte ich gerne noch einmal. Meiner Gesichtshaut hat sie richtig gutgetan!«

»Äh, Sie meinen die Handcreme?«, fragte Smilli. Im Gesicht hatte sie ihre Creme noch nie ausprobiert.

»Ach was, die geht auch fürs Gesicht gut«, winkte die Kundin ab. »Noch ist meine Haut ja nicht so anspruchsvoll. Mit 40 ist das alles glücklicherweise noch unkompliziert.«

Smilli wollte gerade ihre letzte Lavendelcreme aus der Verwöhn-Ecke holen, als sie sah, wie Nick ihr Zeichen machte. Er fuchtelte so wild herum, dass Smilli Angst hatte, er würde gleich die Nudelgläser aus dem Regal werfen. Rasch drehte sie den Kopf in die Richtung, in die er zeigte.

Ach du Schreck! VALA war wieder schwarz! So schnell? Eben noch hatte sie blütenrein rosa ausgesehen. Es war doch nichts passiert, außer dass diese Dame nach der Creme gefragt hatte. War sonst noch jemand oder etwas im Laden? Smilli blickte sich um. Doch es war rein gar nichts Außergewöhnliches zu sehen. Schnell griff sie in das Cremeregal und eilte damit zu der Frau, die bereits vorne zum Bezahlen stand und ungeduldig mit den Fingerspitzen auf den Tresen

trommelte. Ohne ein weiteres Wort kassierte Smilli und hielt der Frau die Tür auf. Sie konnte sie gar nicht schnell genug aus dem Laden bekommen. Falls sie die Ursache war, sollte VALA bloß nicht wieder in ihren halb toten Zustand geraten. Kaum hatte sich die Tür geschlossen, wurde VALA prompt wieder rosa. Die Verfärbung hatte also mit dieser Frau zu tun! Aber warum?

Smilli raste hoch in ihr Zimmer und holte das Kräutertagebuch. Sie mussten jetzt dranbleiben und jedes Detail notieren. Auch der kleinste Hinweis konnte entscheidend sein. Auf dem Verkaufstresen notierte sie:

Kräuter-Forschungsnotiz Nr. 11

* Schwarz: Die gut gekleidete Frau steht neben ihr.
* Rosa: Die Frau ist aus dem Laden raus.
* Lilarot mit pinken »Sommersprossen«: Ich trete zum Schreiben neben sie.

Weitere Beobachtung:

Die Frau sagt: »Diese schöne Lavendelcreme, die ich hier neulich gekauft habe. Die hätte ich gerne noch einmal! Meiner Gesichtshaut hat sie richtig gut getan!« ... »Ach was, die geht auch fürs Gesicht gut. Noch ist meine Haut ja nicht so anspruchsvoll. Mit 40 ist das alles noch unkompliziert.«

Bemerkung von Nick dazu: »Wieso geben manche Leute ihr Alter nicht zu? Die war doch niemals 40! Eher 50 oder 60. Denkt sie, Kinder sehen so was nicht?«

Schlussfolgerung: Leider keine!

Richtig schlimm schien die Frau nicht zu sein.

Auf was reagiert YALA bloß?

Doch länger grübeln konnte Smilli nicht, denn da öffnete sich bereits wieder die Tür. Diesmal kamen gleich ein paar Kunden herein, sodass Smilli die ganze Zeit an der Kasse stehen bleiben musste und Nick immer wieder die Waage bediente, um die losen Waren der Kunden abzuwiegen. Neben Smilli erstrahlte VALA wie üblich in ihrem schönsten Dunkelrot-Lila mit pinken Pünktchen. Nur hin und wieder, wenn ein Kunde zum Bezahlen herantrat, wechselten ihre Pünktchen auch zu Orange oder Sonnengelb. Einmal zeigten sich sogar silberne Flecken, wie sonst nur bei Kater Knatter. Ganz nebenbei war VALA eine Augenweide und einige Kunden lobten diesen hübschen »Ladenschmuck«. Smilli strahlte. Wenigstens gab VALA dem Laden eine noch schönere Ausstrahlung. Und so etwas hatte Smilli doch eigentlich mit ihren Kräutern gewollt.

Als Frau Green kam, um Smilli an der Kasse abzulösen, lächelte sie ebenfalls zufrieden und VALA bekam in ihrer Nähe die gleichen pinken Pünktchen wie bei Smilli.

Frau Green bat Smilli, noch ein paar Portionen Lavendel-Handcreme herzustellen. Nach einem kurzen Blickwechsel zwischen Smilli und Nick war klar, dass er der »Mann an der Pflanze« sein würde, also auf Beobachtungsposten im Laden blieb.

Doch viel Neues schien sich nicht ereignet zu haben, als Smilli mit ihren zehn Gläsern Handcreme fertig war und Björn die Küche übernahm, um Mittagessen zu kochen. Als Smilli ins Fräulein PurPur hineinsah, lutschte Nick gerade wieder ein Nachdenkwunder und starrte vor sich hin. Kein einziger Kunde war im Laden. Wenige Minuten später schloss Smillis Mutter zu, wie immer über Mittag. Sie quetschten sich alle zusammen in die Küche und verspeisten Björns Nudelauflauf, der besser schmeckte, als Smilli vermutet hatte. Die Stimmung war ein wenig gedrückt, weil auch heute insgesamt wieder nur äußerst wenige Kunden im Laden gewesen waren. Aber Pepe machte dauernd Witze und endlich musste Björn lachen und begann mit ihm herumzualbern. Smilli war dankbar, weil sie aus der Schusslinie ihres kleinen Bruders war. Ausnahmsweise hüpfte also mal nichts Glitschiges über ihren Teller.

Als sie den Laden wieder öffneten, war Smillis Mutter plötzlich noch nervöser als sonst.

22
Froschmusik

»Smilli und Nick, wir werden hier jetzt alle gleich zwischen Laden und Café hin und her rotieren«, sagte Frau Green. »Das ist heute meine erste Veranstaltung und ich möchte nicht, dass ich vorher noch einen Horror-Artikel in der regionalen Zeitung bekomme. Das würde mir echt den Rest geben!«

Smilli schluckte. Wie ihre Mutter schon sprach! Was meinte sie mit »vorher«? Bevor sie ganz schlossen oder wie?

VALA, was war hier neulich los?, fragte Smilli ihre Pflanze im Stillen. Welcher Sache dienst du und warum bist du hier fast eingegangen? Bitte, bitte, gib uns doch einen Tipp!

Doch so sehr Smilli die Pflanze auch anflehte: VALA stand ungerührt und ohne Verfärbungen neben der Kasse. Was sollte sie auch sonst machen? Es war äußerst unwahrscheinlich, dass sie auf Gedanken reagieren und gleich mit ihren Blättern irgendwohin zeigen würde.

Smilli zog sie sich kurz in ihr Zimmer zurück. Nick hatte ihr nach dem Essen von seinen Beobachtungen erzählt und nun wollte sie alles schnell notieren, während Nick unten die Stellung hielt.

Kräuter-Forschungsnotiz Nr. 12

* Lilarot mit gelben Pünktchen: Der alte Herr Pflaume, der Nick oft Nachhilfe in Mathe gibt, tritt näher.
* Lilarot mit silbernen Pünktchen: Evi von gegen-über bringt uns die Ersatzwaage ihrer Eltern, die sie nicht mehr brauchen.
* Schwarzgrau: Pepe kommt rein und holt sich Bonbons von Mama.

Weitere Beobachtungen:
Nur bei Pepe erinnert sich Nick, dass er gesagt hat:

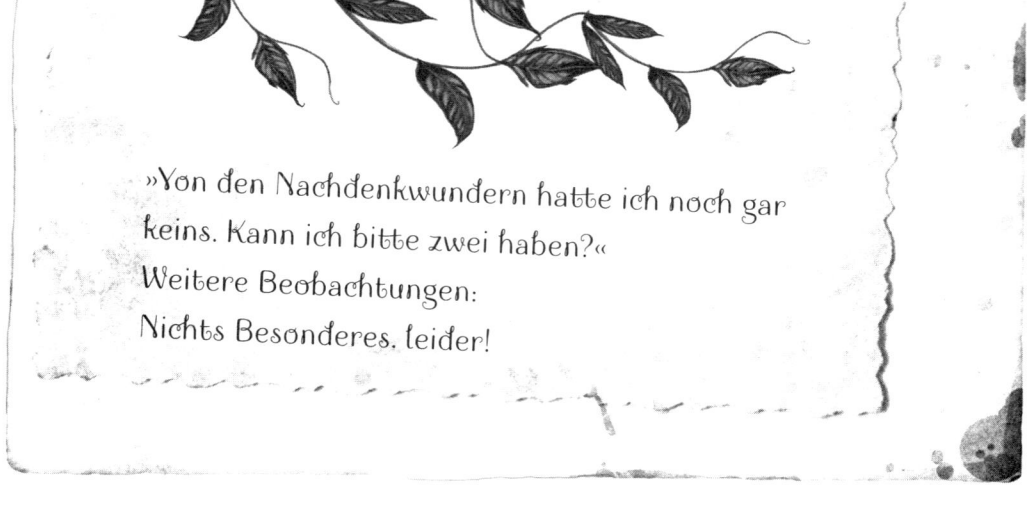

»Von den Nachdenkwundern hatte ich noch gar keins. Kann ich bitte zwei haben?«
Weitere Beobachtungen:
Nichts Besonderes, leider!

Erschrocken sah Smilli hoch. Gab es unten Ärger? Sie rannte hinunter ins Gartencafé. Gerade versuchte Björn dort einen erzürnten Mann mit einem Saxophon in der Hand zu besänftigen.

»Ich habe aber gesehen, wie Ihr Sohn sich an meinem Instrument zu schaffen gemacht hat. Und nun gibt es keinen Ton mehr von sich. Sehen Sie selbst!« Der Mann blies mit all seiner Lungenkraft in das Mundstück. Doch er konnte dem Saxophon keinen einzigen Ton entlocken, er lief lediglich puterrot an.

Erschrocken blickte Smilli in die Runde. Das Gartencafé war dank der Veranstaltung bis auf den letzten Platz besetzt. Alle sahen erwartungsvoll zum Kräuterbeet hinüber, vor dem sich der Musiker mit seinem Notenständer aufgebaut hatte. Und jeden Moment musste der Autor erscheinen, der sich eine musikalische Untermalung für seine Lesung gewünscht hatte.

Da trat er auch schon neben Smilli aus der Tür. Er lüpfte seinen Hut und lächelte freundlich in die Runde. Björn versuchte immer noch den Saxophonspieler zu beruhigen, während das Publikum zur Begrüßung des Autors begeistert klatschte. Gleich würde es peinlich werden. Schließlich streikte die Musik. Schnell lief Smilli zu dem golden blinkenden Instrument. Ihr war soeben eine Idee gekommen. Bevor der Musiker sie davon abhalten konnte, griff sie sich das Saxophon. Es war schwerer, als sie gedacht hatte. Trotzdem gelang es ihr, das Instrument umzudrehen. Nichts passierte. Nur der Musiker griff entsetzt nach dem Saxophon und auch der Autor und das Publikum hatten bemerkt, dass sich am Kräuterbeet etwas Ungewöhnliches ereignete. Es wurde mucksmäuschenstill. Wie die Stille vor dem Sturm, dachte Smilli noch, dann schlug sie einmal kräftig gegen das Instrument. Und zur Verwunderung aller plumpste aus dessen trichterförmiger Öffnung... ein kleiner Frosch. Eilig hüpfte er über das Kräuterbeet hinweg und aus der Gartenpforte hinaus.

Smilli fragte sich, ob das immer derselbe Frosch war, denn er schien genau zu wissen, wohin er flüchten musste.

Schuldbewusst sah Smilli den Musiker an, als er ihr das Instrument aus der Hand nahm. Er sah nicht begeistert aus. Doch als die Leute plötzlich klatschten, weil sie ganz begeistert von der Froschvorführung waren, bemühte er sich, locker mitzulachen.

Puh. Noch mal Glück gehabt. Smilli hörte, wie Björn dem Musiker zuraunte: »Ich glaube übrigens nicht, dass das mein Sohn war. Das sieht ihm nicht ähnlich!« Dann servierte er die restlichen Kuchen. Kurz darauf begann der Autor zu leisen Saxophontönen mit seiner Lesung.

Smilli atmete auf. Doch gleichzeitig ärgerte sie sich über Björn. Wieso tat er so, als wäre Pepe sein Sohn? Und war er wirklich so naiv und glaubte, dass das nicht Pepes Frosch gewesen war?

Da erschien Nick in der Tür. Mit knallrotem Gesicht winkte er ihr zu.

23
Grab-Blume?

»VALA geht gerade ein!«

Smilli raste hinter Nick in den Laden.

Und wirklich. Saft- und kraftlos stand sie da. Schwarz-grau. Schon wieder berührte ihre Blüte den Topf – so als sei sie eine Grab-Blume, die bei einer Beerdigung selbst verstorben war.

»Genauso wie neulich!«, wisperte Smilli und lief zu ihrer Pflanze. Hektisch zog sie sie vom Tresen. Da wäre sie fast mit dem Bauern zusammengestoßen, der mehrere Kisten Obst ins Fräulein PurPur trug.

»Die können Sie gerne auch gleich da vorne abstellen, Herr Dünkelschmand!«, rief Smillis Mutter von draußen, wo sie schon neues Gemüse in das Regal unter der Markise räumte. »Das werde ich gleich einsortieren. Und schicken Sie mir Ihre Rechnung bitte wie immer!«

»Alles klar!«, meinte der Bauer freundlich. »Tut mir leid, dass ich Ihnen erst heute die Kirschen, Tomaten und Gurken bringe, die ich eigentlich schon letztes Mal liefern sollte. Wenigstens hatte ich ja Ihre Testware dabei. Und da Sie am Dienstag schon alles probiert haben, sind wir heute schneller durch als sonst. Es ist alles superfrisch!«

»Ach, Sie sind ein Schatz, wenn ich Sie nicht hätte! Und wie gut Ihre Sachen wieder geschmeckt haben! Ein Glück, dass Sie schon jetzt in so toller Qualität produzieren, fast schon wie ein Biobauer! Sonst müsste ich sonst wohin fahren für gute Ware! Ihre Biozertifizierung im Herbst klappt mit Sicherheit!«

Herr Dünkelschmand lachte geschmeichelt. »Das wurde auch Zeit, dass das jemand hier in der Gegend macht. Ist mir immer ein Vergnügen, Ihren schönen Laden zu beliefern. Also dann bis nächste Woche, Frau Green!«

Smilli stand immer noch mit VALA in der Hand neben der Theke. Sie sah weiterhin scheußlich aus. Auch Smillis Nähe brachte nichts. Jetzt merkte Smilli, dass ihre Mutter die Pflanze irritiert ansah. Aber sie hatte jetzt keine Zeit für Erklärungen. Smilli und Nick blinzelten sich zu, dann rannte Smilli los. An der Veranstaltung vorbei, durchs Gartentor hinaus ins kleine Wäldchen. Ihr Herz hämmerte, als sie endlich das erste Alpaka auf der Weide erblickte. Gehetzt sah sie sich um. Aber sie konnte Herrn Blümelein nirgendwo entdecken. Sie entschied, dass sie auch ohne zu fragen VALA einfach wieder an denselben Ort stellen konnte, an dem sie sich letztes Mal erholt hatte. Smilli murmelte ein paar Worte zur Beruhigung und strich sanft über VALAs Blütenstängel – wer weiß, was die Pflanze alles verstand. Dann rannte sie zurück. Sie musste jetzt sofort von Nick hören, was passiert war.

Nick kam ihr in der Küche entgegen: »Los, schnell, schreib auf!« Er reichte ihr das Buch und diktierte:

Kräuter-Forschungsnotiz Nr. 13

Staubtrocken und schwarz: VALA wird schwarz, als Herr Dünkelschmand in den Laden kommt. Während er Kisten hereinträgt und immer mal wieder etwas zu Mama sagt, scheint VALA fast zu verwelken.

Weitere Beobachtungen:
Herr Dünkelschmand sagt unter anderem:
»Es ist alles superfrisch.«

»Es macht viel mehr Spaß, in bester Qualität ohne Chemie anzubauen. Weil man weiß, dass man auch etwas für die Umwelt tut.«

»Das wurde auch Zeit, dass das jemand hier in dieser Gegend macht. Ist mir immer ein Vergnügen, Ihren schönen Laden zu beliefern.«

Das war alles, woran sich Nick und Smilli zusammen erinnern konnten. Aber was war daran so schlimm, dass VALA regelrecht zusammenbrach?

Smilli fühlte, wie plötzlich auch sie alle Kraft verließ. Die ganze Angst um den Laden, um VALA und davor, ihr neues Zuhause samt Kräuterbeet wieder zu verlieren, bald vielleicht sogar ohne Nick zu sein. Und dann noch dieser merkwürdige Björn, der dauernd um sie herumtanzte. Es war einfach zu viel.

Zu Nick sagte sie: »Ich geh mal hoch, muss nachdenken.

Wenn du willst, bleib gerne hier. Ich glaube, die Veranstaltung im Café ist fast zu Ende, und dann kannst du draußen noch ein bisschen malen oder so.« Smilli merkte selbst, dass ihr Lächeln schief geriet. Sie sprang auf, meldete sich bei ihrer Mutter für die nächste Zeit ab und lief die Treppe zu ihrem Zimmer hinauf. Nur ihr Buch durfte mit. Wenn darin doch nur die Lösung stecken würde!

24
Der Geheimcode?

Smilli warf sich aufs Bett. Immer und immer wieder las sie alle 13 Einträge samt dem rätselhaften Zettel durch. Von vorne nach hinten und von hinten nach vorne. Aber es wollte ihr nichts Geniales dazu einfallen. Sie konnte einfach kein Muster, kein Schema erkennen, das VALAs Verhalten auch nur ansatzweise erklären würde. Klar war nur, dass VALA auf den Bauern im Laden heute besonders schlimm reagiert hatte – noch viel schlimmer als auf den grauen Mann und Björn und Pepe. Genauso schlimm wie auf das Ereignis von neulich, von dem sie immer noch nicht wussten, was es gewesen sein könnte.

Eine Stunde lang grübelte Smilli über ihrem Kräutertagebuch, als enthalte es einen geheimen Code, den man knacken musste. Sie war gerade wieder bei Notiz Nr. 12 angekommen, im letzten Abschnitt über ihren Bruder:

* Schwarzgrau: Pepe kommt rein und holt sich Bonbons von Mama.

Weitere Beobachtungen:
Nur bei Pepe erinnert sich Nick, dass er gesagt hat: »Von den Nachdenkwundern hatte ich noch gar keins. Kann ich bitte zwei haben?«

Im letzten Eintrag stimmte irgendwas nicht! Smilli überlegte, was sie daran störte, als es klopfte.

Nick steckte den Kopf zur Tür herein. »Ähm, malen ist etwas langweilig ohne dich. Darf ich reinkommen? Guck mal, wen ich mitbringe!«

Nick schob seine Hände vor, die einen Blumentopf hielten. VALA! Und sie sah sogar schon wieder einigermaßen hellrosa aus.

»Herr Blümelein kam gerade vorbei. Er brauchte wieder frischen Fenchel. Den habe ich ihm gegeben. Ich hoffe, das war okay? Dank der neuen Steinbeschriftungen habe ich die Kräuter erkannt – war selber ganz stolz. Und Herr Blümelein hat uns VALA mitgebracht.« Er deutete auf den Topf. »Die hatte er bei sich gefunden und sich schon gedacht, dass wir sie erneut zur Kur bei ihm untergestellt hatten. Aber weil sie schon wieder gut aussah und er ja weiß, dass wir sie dringend brauchen, hat er sie uns gebracht. Ging ja zum Glück schnell diesmal mit der Erholung.« Nick strahlte Smilli an und Smilli musste mitlächeln. Sie streckte die Hände nach VALA aus und ergriff den Topf. VALA reagierte mit strahlenden pinken Pünktchen. Und Smilli sah, dass ihr ein weiteres panaschiertes Blatt gewachsen war. Wieder weiß mit grünen Punkten, die wie kleine Os aussahen. Aber Nick redete so begeistert weiter, dass Smilli beschloss, ihn später darauf hinzuweisen.

»Außerdem«, fuhr Nick fort, »habe ich dir ein Stück Mohnkuchen mitgebracht. Hat Björn mir für dich gegeben. Mohnkuchen magst du doch, oder?«

Ausnahmsweise platzte Smilli mal nicht gleich mit ihrem ersten Gedanken heraus. Nick strahlte so, dass sie ihn nicht enttäuschen wollte. Obwohl dieser Kuchen nicht gerade zu ihrer Lieblingssorte gehörte. »Ja, lecker, danke! Setz dich doch!« Smilli klopfte neben sich aufs Bett. Doch Nick erstarrte. »Oh nein, jetzt wird VALA wieder grau!«

»Ach du Schreck, stimmt! Obwohl sie immer noch so dicht bei mir ist. Oder hat es etwa mit dir zu tun?« Smilli starrte Nick fassungslos an.

Nick ließ sich neben Smilli plumpsen. »Das kann nicht sein, oder? Ich...«

Doch weiter kam er nicht, denn da öffnete sich erneut die Tür und Smilli Mutter trat ein. In der Hand hielt sie eine große Schüssel mit frischem, selbst gemachtem Popcorn. »Ach, du bist auch hier Nick? Wie schön! Unsere Veranstaltung ist vorbei. Nach der Panne ist es gut gelaufen, da konnte Björn das Fräulein PurPur übernehmen und ich habe dir dein geliebtes Popcorn gemacht, Smilli! Als Dank für eure Hilfe und, na ja, du hast vorhin nicht besonders glücklich gewirkt!«

Smilli strahlte. Dass ihre Mutter sich dafür mal wieder Zeit genommen hatte – und wie herrlich der frische Popcorn-Mais duftete! So wie früher. Wenn sie alle vier abends beim Vorlesen frisches Popcorn geknabbert hatten, das ihre Mutter in der Riesenpfanne immer neu aufploppen ließ und von dem Smillis Vater Berge essen konnte...

»Ich hoffe nur, dass du auch gerne Popcorn isst, Nick?«, wandte sich Frau Green an Smillis Freund.

»Oh ja, gerne, vielen Dank!«, lächelte er.

Dann starrten alle gleichzeitig auf VALA. Die wurde erneut ganz scheußlich grau.

»Also, das ist wirklich eine kleine Mimose, das neue Kraut. Guckt mal, an den Rändern ist sie jetzt sogar schwarz geworden. Na, was du da wieder für eine Wunderpflanze gezüchtet hast, meine Kräuterprinzessin«, witzelte Frau Green ahnungslos. »Aber nun lasst es euch schmecken! Ich muss Björn ablösen, damit der wieder ins Café kann. Eine Viertelstunde haben wir ja noch auf.« Mit diesen Worten war sie verschwunden.

Nachdenklich betrachtete Smilli die Pflanze, während sie ihr Popcorn knabberte. Das frische Rosa kam langsam wieder durch, mit leichten Sommersprossen verziert. Nick aß sein Mohnkuchenstück und beobachtete VALA ebenfalls. Als er mit dem Kuchen fertig war, reichte Smilli ihm die Popcorn-Schüssel und meinte: »Greif zu. Die sind warm am leckersten!«

»Nö, danke«, murmelte ihr Freund. »Ich steh nicht so auf Popcorn. Ich wollte nur deine Mutter nicht enttäuschen. Die sah endlich mal wieder glücklich aus. Aber hier hast du deinen Mohnkuchen!« Er reicht ihr den Teller über die Pflanze herüber.

Smilli kicherte. »Den kannst du ebenfalls behalten. Mohnkuchen mag ich nicht besonders!«

Nick grinste. Dann biss er genüsslich in Smillis Kuchen-stück.

Plötzlich fiel es Smilli wie Schuppen von den Augen. Wieso war sie nicht schon viel früher darauf gekommen? Das war es! Jetzt wusste sie auch, was sie an dem Eintrag mit Pepe gestört hatte. Ihr Bruder hatte geschwindelt. Björn hatte ihm schon vorher einen Bonbon gegeben! Plötzlich verstand sie ihre gesamten Pflanzen-Aufzeichnungen. Es war, als hätte sie gerade wirklich den Geheimcode geknackt. Und auch das komische Rätsel ergab plötzlich einen Sinn: Stand das geheimnisvolle »Es« vielleicht für »Wort«, die Schlange für »Zunge« und die rote Höhle für »Mund«?

Smilli setzte VALA auf dem Boden ab und sprang so hastig auf, dass Nick sich fast am Mohnkuchen verschluckte. Und ob VALA ihnen etwas zeigte mit ihren Farben!

Wenn ihre Vermutung stimmte, dann durften sie jetzt keine Zeit mehr verlieren...

25
Mission Karmatanz

»Komm schnell, wir müssen sofort zu Björn. Meine Mutter darf erst mal nichts davon wissen!«, rief Smilli.

»Hä?«, nuschelte Nick, den Mund noch voller Mohnkuchen. »Was ist denn nun kaputt?«

»Björn muss uns einen Gefallen tun, du wirst schon sehen! Ich erzähle dir alles im Auto!« Damit zog sie Nick vom Bett hoch.

»In welchem Auto?«, murmelte er. Da er aber Smillis schnelle Einfälle kannte, stellte er den Kuchenteller weg und folgte ihr nach unten.

Björn hatte das Café gerade geschlossen und wischte die Tische. Er war etwas verwundert, dass sich Smilli plötzlich für den Lieferanten von heute interessierte und sich dermaßen freute, dass Björn wirklich wusste, wo der wohnte. So ganz wollte Björn aber nicht glauben, dass Herr Dünkelschmand oder vielmehr dessen Obstplantagen und Gemüse-felder unbedingt einen Karmatanz brauchten.

»Wie bitte? Bist du sicher?«, meinte Björn. Nick neben ihm staunte auch. Aber er sagte nichts.

Smilli wusste selbst, dass sie Björn gegenüber bisher eher wortkarg und abweisend gewesen war. Und jetzt das! Hoffentlich dachte er trotzdem: Besser eine verrückte Bitte als gar keinen Kontakt.

Björn sah sie mit großen Augen an und sie starrte unge-rührt zurück. Immerhin hatte er schon ganz schönen Un-sinn mit Pepe gemacht. Könnte er jetzt nicht auch einmal für sie ... ? Und da kam es, das gute Geräusch. Björn griff in seine Hosentasche und ließ seinen Autoschlüssel klimpern. Smilli fiel ein Stein vom Herzen.

»Aber bitte nichts Mama sagen«, flüsterte sie noch. »Soll eine Überraschung werden!« Smilli grinste. Sie wusste, dass ihre Pflanze jetzt grau werden würde. *Aber es ist für eine gute Sache, VALA,* sagte sie in Gedanken zu ihr, *nicht auf-regen!*

Kopfschüttelnd führte Björn sie zu seinem Transporter vor dem Haus. Smilli rief in den Laden: »Sind gleich wieder da, Mama!«

Bevor ihre Mutter nachfragen konnte, rannte Smilli zum

Auto und hüpfte hinein. Nick saß schon drin und Björn startete durch.

»Karmatanz?«, murmelte Nick in Smillis Ohr. »Bist du vollkommen durchgeknallt?«

»Wart's ab!«, wisperte sie mit einem Seitenblick zu Björn und legte ihren Zeigefinger auf die Lippen.

Auf der zehnminütigen Fahrt erläuterte Smilli Björn ihren »Karmaplan«. Sie bat ihn, sofort nach der Ankunft ganz am hinteren Ende der Felder mit dem Tanz zu beginnen, weil Herr Dünkelschmand dort besonders große Probleme mit dem Pflanzenwachstum hätte. Sie und Nick würden vorne am Haus aussteigen und dem Bauern Bescheid sagen, dass Björn jetzt mit der Tanzbehandlung beginne. Smilli meinte, dass der Bauer offen für übernatürliche Dinge wäre und deshalb fest an Björns Tänze glaubte. Heimlich überkreuzte Smilli dabei Mittel- und Zeigefinger und war froh, dass VALA das nicht hörte. Eigentlich fiel ihr Flunkern unheimlich schwer. Aber hier gab es keine andere Möglichkeit, wenn sie den Laden retten wollten. Björn guckte immer noch ziemlich ungläubig, von Nick ganz zu schweigen.

»Hm«, meinte Björn, »etwas merkwürdig finde ich das Ganze schon. Aber warum nicht. Wenn du dir so viel davon versprichst, Smilli, dann mache ich es gern.«

Smillis Aufregung wuchs. Vor dem großen Haus des Bauern hielt Björn an, damit die beiden aussteigen konnten. Wenige Sekunden später sahen sie seinen weißen Transporter auf einem der Feldwege verschwinden.

»Also, pass auf.« Smilli zog Nick hinter eine Hecke am Straßenrand. »Wir dürfen auf keinen Fall gesehen werden. Deshalb ist es auch wichtig, dass der Transporter von Björn hier nicht rumsteht.«

Nick starrte sie an. »Hast du ihn etwa nur deshalb zum Tanzen am Feldrand weggeschickt?«

»Exakt!« Smilli sah, dass Nick zwischen Bewunderung und Verwirrung schwankte. Deshalb redete sie hastig weiter: »Ich hatte keine andere Wahl. Ohne ihn wären wir nie hierhergekommen! Hier fährt ja nicht einmal ein Bus hin. Und hätte ich Björn die Wahrheit erzählt, hätte er mir wohl kaum geglaubt...«

»Vielleicht könnte aber wenigstens ich mal den wahren Grund erfahren, warum wir jetzt mitten in der Pampa stehen!«, meinte Nick leicht genervt und blickte sich um.

Schritte ertönten und eine Haustür fiel zu.

Smilli zog Nick runter, sodass sie vom Haus aus nicht mehr zu sehen waren. Die Schritte entfernten sich.

Smilli murmelte: »Wir müssen uns beeilen! Wir müssen

fertig sein, bevor Björn in unsere Nähe tanzt, äh, kommt –
Übrigens: Ich glaube, VALA reagiert auf Lügen.«

Nick schluckte. Nach kurzem Schweigen meinte er: »Du
meinst, sie ist so eine Art Lügendetektor?«

»Genau. Und damit dient sie der Wahrheit.«

Nick starrte Smilli an.

»Wie ich darauf gekommen bin, erzähle ich dir nachher.
Nur eins: Bei diesem Bauern ist sie doch vorhin so schwarz
geworden und fast verwelkt. Und genau dieser Bauer war auch
an VALAs ›schwarzem Dienstag‹ im Laden und hat Lieferun-
gen und Kostproben gebracht, das hat er vorhin selbst gesagt.
Deshalb meinte meine Mutter ja, dass der Tag, an dem VALA
fast eingegangen war, ganz normal war. Denn jeden Dienstag
und Freitag kommt dieser Dünkelschmand mit seinen Liefe-
rungen. Er ist ihr wichtigster Lieferant. Fast der einzige!«

Nick blickte weiterhin fassungslos. »Aber wieso geht VALA
bei ihm fast ein? Meinst du, er lügt?«

»Wahrscheinlich wie gedruckt!«, schnaubte Smilli. »Mit
ihm ist jedenfalls irgendwas ganz furchtbar faul – was genau,
müssen wir jetzt herausfinden!« Smilli zog Nick mit sich und
sie schlichen an der Hecke entlang bis zur Hauswand. Dort
gingen sie in die Hocke, um unbemerkt unter den Fenstern
vorbeizuschleichen. Ein großer Hof mit Ställen, Scheunen

und gepflasterten Gassen lag vor ihnen. Heu- und Strohballen, die offensichtlich gerade erst abgeladen worden waren, lagerten vor einer riesigen Scheunentür. Hastig liefen Smilli und Nick über den Hof zu dem Berg aus Ballen und suchten hinter ihm Deckung. Irgendwo hörten sie wieder Schritte. Noch konnten sie sie nicht genau orten. Der Bauer oder einer seiner Angestellten schien in der Nähe umherzulaufen.

»Hey, guck mal, was lagert der Herr Dünkelschmand denn da?«, raunte Nick.

An den Ballen vorbei konnten sie in die größte der Hallen blicken.

»Hm, könnte das Blumenerde sein? Kleine abgepackte Pakete. Die kaufen wir immer im Gartencenter für unsere Blumenbeete und für mein Kräuterbeet. Die gibt es in allen Größen und…«

Nick unterbrach sie: »Da steht aber nicht Blumenerde drauf. Guck mal genauer hin!«

Smilli kniff die Augen zusammen und versuchte die Aufschrift auf den Paketen zu erkennen. »Phosphordünger, Nitratdünger«, las sie vor. »Waaas?«, platzte es laut aus ihr heraus, als sie verstand, was sie da eben gelesen hatte. »Der Bauer hat doch Mama immer versichert, er nutze keine chemischen Düngemittel. Er habe bereits seit längerer Zeit

auf natürlichen Dünger umgestellt, auf Mist, Kompost und Hornspäne! Und dass er bald die Prüfung zum Biobauern bestehen will.« Smilli versuchte leiser zu reden. »Er sagte, alles wachse etwas langsamer, aber hätte einen viel besseren Geschmack. Und gesünder sei es auch. Deshalb sei es ja auch teurer.« Smilli schnaufte, weil ihr ein Licht nach dem anderen aufging. »Mama kauft fast ihr gesamtes Obst und Gemüse bei ihm ein, weil er angeblich in so toller Qualität produziert, fast wie ein echter Biobauer.«

Nick schüttelte den Kopf. »Wenn Herr Dünkelschmand diesen ganzen künstlichen Dünger hier für sein Obst und Gemüse benutzt, bekommt er das Biozertifikat doch nie im Leben!«

Smilli nickte. Vor Wut lief sie rot an. »Aber trotzdem nimmt er von meiner Mutter so viel Geld, als wäre es Biogemüse!«

»Und die Kunden im Fräulein PurPur zahlen auch mehr, bekommen aber wahrscheinlich nur ziemlich wässriges Obst und Gemüse dafür«, ergänzte Nick.

Smilli stöhnte auf. »Wenn das kein Betrug ist!«

»Und wenn das keine Kunden vergrault!«, stellte Nick fest.

»Aber die Kostproben, die er uns mitbringt, sind immer superlecker. Ich verstehe das nicht«, grübelte Smilli.

Vor lauter Aufregung hatten sie die schweren Schritte nicht gehört, die sich dem Strohballenberg näherten.

Eine riesige Mistgabel stach direkt neben Smillis Bein zu.

»Ahrghhhhh!«, schrie sie und zuckte zurück.

»Wer zum Teufel steckt hier drin?«, brüllte eine tiefe Stimme. Die Strohballen flogen zur Seite und Smilli und Nick standen dem grimmig dreinblickenden Herrn Dünkelschmand gegenüber.

»Wer seid ihr und was habt ihr hier zu suchen?« Er wurde puterrot im Gesicht. »Da kann ich ja gleich die Polizei rufen. Das ist Hausfriedensbruch! Schnüffelt ihr hier etwa herum? Du da«, er zeigte auf Smilli«, »kommst mir irgendwie bekannt vor. Na los, raus mit der Sprache!«

Seine Stimme war kaum wiederzuerkennen. Das sollte der freundliche Herr Dünkelschmand sein?

Der Bauer packte Nick unsanft am T-Shirt und kam ihm mit seinem verschwitzten Gesicht bedrohlich nahe.

Smillis Herz raste. »He, lassen Sie das!«, sagte sie, nicht ganz so laut, wie sie wollte. »Wir interessieren uns nur für äh …«

»Für Ihr Obst und Gemüse in bester Qualität – so wie es Ihr Schild dort vorne verspricht«, beendete da eine ruhige, tiefe Stimme hinter ihnen den Satz.

Björn!, schoss es Smilli durch den Kopf.

Vor Schreck ließ der Bauer Nick los und drehte sich um. Ihm tropfte der Schweiß von der Stirn. »Oh, äh, sind Sie auch ein Kunde von mir? Oder sind Sie neu und brauchen Kostproben? Die kann ich Ihnen jetzt gerade nicht bieten, ich würde dann direkt zu Ihnen kommen und Ihnen etwas von meinem Obst und Gemüse zum Probieren bringen.« Die Schweißtropfen perlten auf sein Hemd. »Es ist alles natürlich gedüngt und bald wird mein Hof auch zum Biohof ernannt, das kann ich Ihnen schon mal verraten.« Der Bauer verschränkte seine Arme vor der Brust und sah Björn bemüht freundlich an.

Björn sah überrascht von einem zum anderen. Dann meinte er langsam: »Nein, ich bin kein neuer Kunde und meine Kinder ganz sicher auch nicht. Aber warum können wir nicht hier vor Ort probieren?« Björns Blick streifte ruhig über den Hof.

»Wie? Ach so, nein, nur zufällig heute geht das gerade leider nicht... wir... äh, haben gleich eine Geburt im Kuhstall und deshalb muss ich Sie jetzt auch bitten zu gehen.« Die Stimme von Herrn Dünkelschmand war deutlich sanfter geworden. Nun erkannten Smilli und Nick in ihm wieder den freundlichen Obst- und Gemüselieferanten aus dem Laden.

Nervös blinzelnd sah der Bauer von einem zum anderen. »Und entschuldigen Sie bitte noch mal, ich hatte mich nur erschrocken. War das wirklich der einzige Grund, weshalb Sie hergekommen sind? «

Er schien Björn nicht zu erkennen. Björn holte gerade Luft, da schüttelte Smilli unauffällig den Kopf. Es würde noch viel peinlicher werden, wenn Björn von seinem angeblichen »Tanzauftrag« erzählte.

Aber Björn hatte Smillis Blick gesehen und schaltete schnell. »Also ich – äh – ich hatte eigentlich nur meine Kinder gesucht.« Dann blinzelte er Smilli und Nick zu und meinte: »Na los, kommt, dann wollen wir den Mann mal in Ruhe weiterarbeiten lassen!«

Erleichtert nickten Smilli und Nick und hängten sich rechts und links bei Björn ein. Erhobenen Hauptes verließen sie den Hof. Diesmal hatte es Smilli nicht gestört, dass Björn sie als seine »Kinder« bezeichnet hatte. Er hatte ihnen damit echt geholfen!

26
Falsche Spur?

Björn schloss schweigend den Transporter auf.

Erst nachdem sie eine Weile gefahren waren, meinte er: »Jetzt mal raus mit der Sprache! Von wegen Karmatanz! Das Ganze kam mir schon merkwürdig vor, als ich ausgestiegen war und dort keinen Mensch weit und breit gesehen habe. Glücklicherweise hatte ich so eine komische Ahnung und bin dann ziemlich schnell zu euch zurückgefahren...«

»Ja«, meinte Smilli kleinlaut, »das ist jetzt wirklich dein siebter Sinn gewesen, danke!« Sie sah ihn unsicher von der Seite an. Doch typisch Björn: Er lachte schon wieder und zwinkerte ihr zu. »Eigentlich bin ich für fast alles zu haben und probiere gerne viel aus, das wisst ihr. Aber was ihr euch dabei gedacht habt, verstehe nicht einmal ich!«

Doch Björns nachfolgenden Fragen wich Smilli aus. Sie wollte ihren furchtbaren Verdacht erst einmal ihrer Mutter erzählen. So ganz vertraute sie Björn, dem Tänzer, immer noch nicht. Auch wenn sie jetzt wusste, warum sich VALA bei ihm braun verfärbt hatte. Er hatte – wahrscheinlich aus Höflichkeit – geflunkert, als er ihr an seinem ersten Tag im Café erzählt hatte, er würde Kräuter interessant finden.

Wieder wanderten Smillis Gedanken zu Herrn Dünkelschmand. Wie konnte es nur sein, dass die Kostproben des Bauern ihnen allen stets so gut geschmeckt hatten?

In diesem Moment bremste Björn vor dem Fräulein Purpur und sie stiegen aus. Björn eilte ins Haus, doch Smilli und Nick blieben neben dem Auto stehen. Nick murmelte etwas vor sich hin. Erst sah Smilli ihn ratlos an, aber dann verstand sie, dass er im Schnelldurchlauf das Kästchenrätsel aufsagte.

»Smilli, ich kapier einfach nicht, was im oberen Teil gemeint ist«, meinte er schließlich.

»Ich glaube, es geht so: In einem Mund, ganz hinten und ganz vorn, entsteht das Wort. Die Zunge, sie formt das Wort fein. Doch gib acht – falsch wie eine Schlange kann das Wort sein! Nur du kannst das Wort durchschau'n mit diesem Kraut. Doch wehe! Die Pflanze wendet sich auch gegen dich, den Herrn. Denn nur der Wahrheit dient sie wirklich gern«, antwortete Smilli.

Nick blieb der Mund offen stehen. Dann murmelte er:

»Bingo! Man kann also das Wort mit dem Kraut durchschauen, weil man damit herausfinden kann, ob es gelogen ist oder nicht! Genial, Smilli! Du kannst echt mehr als nur Kräuter züchten!«

Smilli wurde rot. »Vorhin beim Popcornessen habe ich endlich verstanden, dass VALA immer schwarz oder braun wird, wenn jemand lügt. Die Frau, die bei ihrem Alter lügt. Pepe, der behauptet, er hätte noch keinen Bonbon gehabt oder er wollte uns gar nicht erschrecken. Und die Freundin von Herrn Blümelein, Linda, die meint, sie würde sich in ihrer neuen Wohnung gar nicht allein fühlen. Obwohl Herr Blümelein uns doch genau das über sie erzählt hatte ... Guck einfach ins Pflanzentagebuch, da steht alles drin.« Smilli zuckte mit den Schultern. »Na ja, es gibt aber leider noch Zweifel, ob das wirklich die korrekte Auflösung ist. Warum verfärbt sich VALA auch dann, wenn gar nichts gesagt wird? Zum Beispiel bei mir? Sobald ich in ihre Nähe komme, wird sie lilarot. Ein Lügendetektor zeigt doch nur Lügen an, oder?«

Nick sah sie nachdenklich an. »Gute Frage.«

Doch weiter kamen sie nicht, denn Nicks Handy brummte. Seine Mutter schrieb, dass er sofort nach Hause kommen sollte.

171

»Lass uns telefonieren!«, rief er noch, dann schwang er sich auf sein Rad und trat in die Pedale.

Smilli wollte jetzt dringend mit ihrer Mutter sprechen. Doch Frau Green war wie vom Erdboden verschwunden. Auch Björn konnte sich das nicht erklären. Auf dem Handy war sie nicht zu erreichen. Seltsam. Normalerweise schuftete Frau Green noch lange nach Feierabend im Fräulein PurPur oder brütete ewig im Büro über ihren Finanzbüchern und Bestelllisten – erst recht an den Abenden, an denen Pepe bei einem Freund übernachtete, so wie heute.

Smilli blickte auf ihr Telefon, das sie vorhin bei ihrer Beschattungsaktion auf leise gestellt hatte. Tatsächlich, vor einer Weile war eine Nachricht von ihrer Mutter gekommen.

»Bin noch mal kurz spazieren. Wo seid ihr denn mit Björn hin?«

Smilli biss sich auf die Lippen. Ihre Mutter musste sich wirklich gewundert haben. Schnell schrieb sie zurück:

»Sind wieder da. Erzähl dir gleich alles! Wo bist du?«

Immer wieder checkte Smilli ihr Telefon, aber ihre Mutter antwortete nicht. Höchst merkwürdig! Das war so gar nicht ihre Art. Smilli versuchte sie anzurufen. Niemand nahm ab.

Smilli wollte es gleich noch einmal versuchen. Zuerst aber schnappte sie sich ihr Kräutertagebuch und grübelte über der letzten und alles entscheidenden Frage: Warum veränderte sich VALA auch dann, wenn niemand log? Solange sie diese Frage nicht beantworten konnte, blieb ihre Theorie wackelig. Smilli wühlte in ihren Notizen. Dann begann sie, neue Fragen und Vermutungen zu ihren Aufzeichnungen zu notieren.

Beobachtung:
* Lilarot leuchtend mit »Sommersprossen«: Ich trete heran.
* Lilarot mit silbernen Flecken: Kater Knatter kommt dazu.
* Wie ein Silber-Schmuckstück: Kater Knatter kuschelt sich an sie ran.

Wichtige Fragen, die bleiben:

1) Was haben ich und Kater Knatter gemeinsam, dass sich YALA bei uns so schön verfärbt?
2) Bei meiner Mutter bekommt YALA zumindest hübsche pinke Sommersprossen.

3) Beim alten Lehrer Pflaume wird sie auch ein
   wenig hübscher.
4) Neben den vielen Alpakas hat sie sich zumindest
   schnell wieder erholt.

Es bleibt also weiterhin rätselhaft:
Wieso reagiert YALA auch dann, wenn man nichts
sagt? Wie dient man noch der Wahrheit – außer
durch Nicht-Lügen?

Smilli war verwirrt. War sie mit ihrer Lügentheorie doch auf der falschen Spur? Dann musste sie aufpassen, was sie über den Bauern erzählte. Vielleicht hatte sie das alles in den falschen Hals bekommen. Vielleicht verkaufte er den chemischen Dünger in seiner Scheune ja nur und benutzte ihn gar nicht selbst. Es wäre schlimm, wenn ihre Mutter jemanden zu Unrecht beschuldigte. Damit wäre ihr Ruf hier in der Gegend endgültig beschädigt und sie müsste den Laden vielleicht sogar noch schneller schließen.

Smilli biss auf ihrer Unterlippe herum, bis sie einen Tropfen Blut schmeckte. Immer nervöser wählte sie die Nummer ihrer Mutter. Wieder nichts!

Jetzt hielt sie es nicht mehr aus. Sie steckte ihr Handy ein und schnappte sich das Kräutertagebuch. Sie musste jetzt sofort ihre Mutter finden! Sie rannte zum Tor des Cafés und schloss es auf. Weit konnte ihre Mutter nicht gegangen sein. Smilli lief automatisch den vertrauten Waldweg entlang, bis die Alpakaweiden auftauchten und ihr klar wurde, dass sie sich schon wieder auf dem Weg zu Herrn Blümeleins Farm befand. Irgendwie zog es sie immer hierher. Aber würde sie ihre Mutter hier finden? Die hatte ihr neulich zumindest erzählt, dass sie nun auch endlich einmal länger mit dem neuen Nachbarn gesprochen hatte. Ein Geschäftsmann wie sie. Und dass sie ihn nett fände und sie sich schon darüber ausgetauscht hätten, wie die Geschäfte liefen. Außerdem hätte er von der »Smilli-Kräuterprinzessin« geschwärmt. Mit einem grünen Zauberdaumen für Kräuter wäre sie ausgestattet, hätte er gesagt... na ja. Der würde ihr wenig nützen, wenn sie wieder in so eine kleine Stadtwohnung ziehen mussten. Und dann endlich entdeckte sie ihre Mutter.

27

Klarheit

Anna Green saß neben Herrn Blümelein auf der Terrasse und prustete immer wieder in ein Taschentuch hinein, als wäre sie schrecklich erkältet. Herr Blümelein saß vorgebeugt und reichte ihr in regelmäßigen Abständen ein neues Tuch. Smilli rannte um die Weide herum zur Terrasse. Jetzt sah sie noch mehr. Auf der Holzterrasse, direkt vor den Füßen ihrer Mutter und Herrn Blümelein, lagen Unmengen von Ordnern, Akten und Papieren ausgebreitet. Waren das etwa Unterlagen vom Fräulein PurPur? Die ihre Mutter mit Herrn Blümelein durchgesehen hatte?

»Ach, Herr Blümelein«, hörte Smilli ihre Mutter schniefen, »ich kann doch nicht dauernd Björn mit meinem ganzen Kummer belasten. Der Arme! Wir kennen uns doch noch gar nicht so lange. Und er hilft mir schon so sehr! Es ist schön, dass ich Ihnen das alles zeigen darf!«

»Frau Green«, hörte Smilli Herrn Blümelein antworten, »ich kann Ihren Kummer gut verstehen. Immerhin brüte ich auch oft über meinen Finanzbüchern. Es ist bei Ihnen aber wirklich merkwürdig. Sie haben einen richtig guten Start hingelegt, aber in den letzten Wochen muss irgendetwas passiert sein. Auf einmal brechen Ihre Verkaufszahlen drastisch ein. Haben Sie etwas im Laden verändert? Versuchen Sie sich zu erinnern!«

Smilli sah, wie ihre Mutter unglücklich mit den Schultern zuckte. Dann sagte sie leise: »Ich habe vor sechs Wochen nur meinen Obst- und Gemüselieferanten gewechselt. Der Biohändler, den wir vorher hatten, kam von so weit her und da kostete uns die Lieferung viel Geld. Deshalb habe ich mich so gefreut, dass Herr Dünkelschmand hier im Nachbarort seit einer Weile auf Naturdünger umgestellt hat und auf dem besten Weg zum Biobauern ist. Aber daran kann es nicht liegen! Seine Ware ist wunderbar, ständig gibt er uns köstliches Obst zum Probieren!« Sie überlegte kurz. »Ja und dann habe ich seit ungefähr sechs Wochen eine neue Mitarbeiterin, Frau Feik. Aber sie ist mir wirklich eine Hilfe im Fräulein PurPur, so kann ich in Ruhe das Gartencafé betreiben. Sie ist sehr selbstständig und kommt nie mit irgendwelchen Problemen an. Das läuft gut. Ich verstehe es einfach nicht!«

Da hielt Smilli es nicht länger aus. Sie trat aus dem Schatten der Bäume und rief: »Mama, ich habe einen schlimmen Verdacht!«

Verwirrt sahen Frau Green und Herr Blümelein zu ihr rüber. Hektisch wischte ihre Mutter sich die Tränenspuren aus dem Gesicht. Hatte Smilli es doch gewusst. Sie hatte natürlich keinen Schnupfen. Höchste Zeit, dass VALA und ihre Fähigkeiten ins Spiel kamen!

Und so berichtete Smilli ihrer Mutter und Herrn Blümelein kurz von ihren Erkenntnissen. Auch ihren Besuch beim angeblichen »Fast-Biobauern« Herrn Dünkelschmand ließ sie nicht aus.

Die beiden Erwachsenen bekamen den Mund kaum mehr zu – vor Staunen und vielleicht auch vor Ungläubigkeit. Smilli zückte ihr Kräutertagebuch. Und als wären ihre Aufzeichnungen genauso ernst zu nehmen wie die Finanzbücher vom Fräulein PurPur steckten ihre Mutter und Herr Blümelein die Köpfe darüber zusammen. Leise murmelten sie beim Lesen vor sich hin.

Plötzlich sah Frau Green hoch und meinte: »Aber die Obst- und Gemüseproben von Herrn Dünkelschmand sind hervorragend. Ich habe alles selbst probiert. Das verstehe ich nicht.«

Herr Blümelein zuckte nachdenklich mit den Schultern. Dann vertiefte er sich wieder in Smillis Aufzeichnungen.

Als sie zur letzten Seite kamen, die mit den Zweifeln, blätterte Smilli rasch weiter. Hoffentlich würde sie das noch aufklären können. Sonst hätte sie wohl zu hoch gepokert.

Doch auf einmal formulierte Herr Blümelein einen Gedanken ganz nebenbei, der Smillis Herz schneller schlagen ließ.

»Hm«, brummte der Alpakafarmer, immer noch über die Notizen gebeugt, »manchmal glaubt man gar nicht, was manche Leute so zusammenflunkern. Es gibt eben Menschen, die neigen zum Flunkern, das fällt ihnen überhaupt nicht schwer. Andere dagegen sind grundehrlich. Deshalb mag ich ja auch meine Alpakas so. Die tricksen und flunkern nicht.«

Plötzlich musste Smilli daran denken, dass sie selbst gar nicht gut lügen konnte. Meistens platzte die Wahrheit automatisch aus ihr heraus, ob sie wollte oder nicht – und bei ihrer Mutter war es ähnlich. Und wie anständig Kater Knatter war. Auch der alte Lehrer Pflaume hatte diesen extrem ehrlichen Ruf. Bei ihnen allen hatte sich VALA immer wunderschön verfärbt. Und bei den vielen Alpakas, die

wie die meisten Tiere kein Flunker-Gen hatten, war VALA immer schnell wieder gesund geworden!

Smilli strahlte. Jetzt passte alles zusammen. Das Muster lag klar auf der Hand. Oder?

28
Der Plan

»Meine Güte, das hätte ich nicht gedacht, dass man dermaßen lügen und betrügen kann – und sich selbst dann immer noch im Spiegel ansehen mag!« Herr Blümelein nippte an seinem Kaffee und spießte ein großes Stück Pflaumenkuchen auf die Gabel. Smilli, Nick, Björn, Pepe und Anna Green saßen am nächsten Tag kurz nach Ladenschluss mit dem Alpakafarmer im Café. Gespannt lauschten sie seinem Bericht. »Also, ich habe die nächsten fünf Biohändler in einem Umkreis von 100 Kilometern durchtelefoniert und angefragt, ob sie einen Kunden namens Dünkelschmand hätten. Und Bingo! Beim Biohof Kleinwilsertal kauft er alle zwei Wochen ein paar Obst- und Gemüsekisten – die deutlich mehr enthalten als das, was er allein essen kann.«

»Aber wiesso kauft er ssich denn sselbst Obst, bei ihm wächst doch alless, oder?«, fragte Pepe.

»Da legst du genau den Finger auf den wunden Punkt, junger Mann!« Herr Blümelein nickte. »Das Obst vom Bichof hat er offensichtlich immer für etwas genutzt, wofür sein eigenes Obst und Gemüse nicht geeignet war.«

»Für unsere Kostproben!«, rief Smilli ärgerlich.

Smillis Mutter wurde blass. »Wieso habe ich das bloß nicht bemerkt? Da lässt dieser Schuft mich immer köstliches Biogemüse und -obst probieren und tut so, als wäre das die Ware, die er mir liefert. Dabei hat er mir dann immer nur sein künstlich gedüngtes Zeug untergejubelt.«

Björn legte Smillis Mutter tröstend die Hand auf die Schulter. »Du warst einfach zu sehr mit dem Gartencafé und dem Backen und der Buchhaltung beschäftigt. Ich weiß jetzt ja selbst, wie viel Arbeit das alles macht. Und für den Laden hattest du doch extra Frau Feik eingestellt. Wieso hat die eigentlich nichts bemerkt?«

»Ja, genau, haben sich denn keine Kunden bei ihr be-schwert?«, fragte Nick.

Herr Blümelein nickte nachdenklich. »Gute Frage. Eigent-lich beschweren sich die meisten Kunden doch zuerst und bleiben erst dann ganz weg... «

Smilli runzelte die Stirn. »Vielleicht war Frau Feik deshalb immer so blass.«

Smillis Mutter bekam große Augen. »Du meinst, es gab Beschwerden bei ihr? Aber warum hat sie mir das nicht er-zählt? Nie hat sie mir von irgendwelchen Schwierigkeiten be-richtet.« Sie seufzte. »Ich muss gestehen, dass ich dafür auch dankbar gewesen bin, weil ich immer so überlastet war... Ob sie mir deshalb nichts erzählen mochte? Ich rufe sie gleich nachher einmal an.« Dann blickte sie in die Runde. »Was machen wir bloß? So wie es jetzt läuft, werde ich das Fräulein PurPur und unser schönes Café nur noch wenige Wochen halten können. Smilli, ich fürchte wir müssen wieder Woh-nungsanzeigen studieren...«

Nicht nur Frau Green traten bei diesen Worten Tränen in die Augen.

»Niemals!«, brüllten da auf einmal Nick, Pepe, Björn und Herr Blümelein gleichzeitig.

Überrascht sahen sich alle an.

Smilli und Frau Green wurden rot. Es war lange her, dass sie sich so umsorgt gefühlt hatten. Unter dem Tisch griff Frau Green nach Smillis Hand, während sie mit der anderen versuchte, sich unauffällig die Tränen aus den Augen zu wischen.

»Das geht aber zu 100 Prozent überhaupt nicht«, sagte Nick. »Ich liebe Kräuter mittlerweile mehr als alles andere, außer Steine vielleicht. Sie, Smilli und… äh… ja, auch Pepe müssen hierbleiben!«

VALA, die wieder im Kräuterbeet thronte, ergraute kurz, erholte sich aber sofort wieder und schimmerte dann blassrosa. Björn und Herr Blümelein nickten heftig bei Nicks Worten.

»Deshalb schlage ich einen Werbefeldzug vor«, fuhr Nick kämpferisch fort.

Smilli grinste. Nicks Eltern arbeiteten beide in der Werbung und jetzt endlich konnte Nick mal gebrauchen, was er von ihnen gelernt hatte.

»Ich kann gut malen und schreiben. Ich könnte Steine, Gehwege, Tüten und Kräutertöpfe mit Sprüchen bemalen über den schönsten und leckersten Laden aller Zeiten! Wir müssen die Leute zurücklocken und am besten noch neue Kunden anwerben!«

Herr Blümelein schluckte den letzten Kuchenbissen hinunter. »Ich könnte mit meinen Alpakaspaziergängen beginnen«, meinte er. »Für einen großen Einkauf im Fräulein PurPur darf man eine Runde mit meinen Alpakas drehen.« Er strahlte. »Ganz nebenbei mache ich damit auch meine Alpakafarm bekannt. Es wird Zeit – wir sind jetzt endlich fertig eingerichtet.«

Auch Björn und Pepe strahlten so begeistert, dass Smilli ein wenig Angst bekam. »Und wir könnten tanzen«, begann Björn auch schon. Doch er musste Smillis entsetztes Gesicht gesehen haben und korrigierte sich rasch. »Oder, äh, auch etwas anderes machen!«

»Sstimmt!«, säuselte Pepe. Er war so handzahm, dass Smilli fürchtete, er hätte schon wieder etwas Haarsträubendes im Sinn. Mal sehen, was die beiden ausbrüteten.

In jedem Fall hatten sie eine Menge Hilfe. Hoffentlich würden sie Erfolg haben.

Zaghaft lächelte sie ihre Mutter an.

Deren Wangen hatten mittlerweile wieder ein wenig Farbe bekommen. »Oh ja, und unsere Kampagne starten wir mit einem kleinen Fest im Gartencafé! Mit Alpakaführungen, Kräuterraten, Steinebemalen, Tombola und Kuchen! Was haltet ihr davon?«

Jetzt leuchteten alle Augen in der Runde. Frau Green fuhr

fort: »Und da wir keine Zeit zu verlieren haben, beginnen wir am besten sofort mit der Planung. Solange meine Kräuterprinzessin, unser Steinekünstler, der Froschdompteur und Björn noch Ferien haben!«

29

Das große Fest

Zwei Wochen später hatten die Greens und ihre Freunde auf Dutzend unterschiedlichen Wegen Werbung gemacht. Zum einen für den Laden und das Café, zum anderen für das große Fest. So hatten Smilli und Nick die Einladung zum Fest samt Adresse auf unzählige Steine, Kräutertöpfe sowie Bonbonpapier geschrieben. Diese schönen Sachen hatten sie in fast allen Läden im Ort an der Kasse auslegen dürfen. Smilli hatte Björn davon abhalten können, sich neue Karmatänze auszudenken. Stattdessen war es ihm gelungen, eine Homepage im Internet zu erstellen, auf der man sich über das Fräulein PurPur sowie das Gartencafé samt Fest erkundigen konnte.

Kurz darauf berichteten ein paar Kunden per Mail, dass ein gewisser Herr Schlüter, der einen kleinen Einkaufsladen im Nachbarort besaß, von unsauberen Bedingungen in Unverpacktläden erzählt hätte. Wohl auch, weil er Angst vor Konkurrenz hatte. Also erklärte Björn auf der Homepage, warum ihr Unverpacktladen sehr sauber und gut war. Als Smilli und Björn erfuhren, dass dieser Ladenbesitzer ein auffallend kleiner Mann war, der sogar an der Kasse einen grauen Anzug trug, schluckten sie.

»Der graue Mann!«, entfuhr es Nick. Sie berichteten Björn, was sie mit Herrn Schlüter und VALA im Café erlebt hatten. Björn versprach, dem Ladenbesitzer nach dem Fest einen Besuch abzustatten. Vielleicht gab es ja Wege, wie sie zusammenarbeiten konnten. Dann würde das Gerede hoffentlich aufhören.

Frau Green hatte zum Fest einen Reporter der lokalen Zeitung eingeladen und hoffte, dass der darüber schreiben würde, dass sie ihre Ware nun wieder von einem echten Biohändler bezog. Herr Blümelein hatte ihr da einen Tipp gegeben. Sein Kräuterlieferant pflanzte nämlich auch Obst und Gemüse als echte Bioware an. Und er wohnte nur drei Dörfer weiter.

Aufgeregt grub Smilli in ihrem Beet herum. Heute sollte das Fest stattfinden und dafür brauchten sie eine wunderschöne Kräuterinsel. Aus dem Ort und der Nachbarstadt hatten viele Leute zugesagt. Und Herr Blümelein hatte seine ersten Pensionsgäste da. Eine achtköpfige Reisegruppe wollte sich eine Woche lang bei ihm über die Zucht und Haltung von Alpakas informieren. Diese Gäste wollte er zum Fest mitbringen.

Um Punkt 15 Uhr ging es los. Jede Menge Menschen strömten in das stimmungsvoll geschmückte Gartencafé und Smilli und ihre Mutter kamen mit dem Begrüßen kaum hinterher. Jeder Besucher erhielt am Eingang des Cafés einen winzigen bemalten Blumentopf mit einem selbst gezüchteten Schnittlauch-Setzling sowie ein handgeschriebenes Schnittlauch-Kresse-Quark-Rezept. Kinder bekamen einen Nachdenkwunder-Bonbon. Außerdem hatten sie unter der großen Kastanie einen Schminkstand aufgebaut, an dem sich sofort eine Schlange bildete. Björn begann Kindergesichter zu bemalen. Pepe half ihm, indem er eifrig Tipps für das Malen von Froschgesichtern gab. Björn konnte erstaunlich viele unterschiedliche Tiergesichter schminken, vielleicht hatte er das auf Schulfesten geübt. Smilli grinste, als sie die vielen Frösche, Löwen, Zebras und Nashörner hinter Pepe herlaufen sah. Ihr fiel auf, dass ihr Bruder in den letzten Tagen so fröhlich gewesen war wie schon lange nicht mehr. Und dass sie in letzter Zeit kaum noch irgendwo kleben geblieben war oder sich zu Tode erschreckt hatte wegen Pepe. Der lustige, tanzende Björn schien irgendwas richtig zu machen. Zumin-

dest hatte er wirklich Zeit für ihren kleinen Bruder – anders als ihr richtiger Papa.

Nach einer Weile standen ungefähr 80 Leute mit Kaffeebechern und frischen Gebäckstücken in der Hand im Gartencafé. Genüsslich kosteten und bewunderten sie die zahlreichen Kuchen. Smilli war verblüfft, wie viele Leute durch die Werbemaßnahmen auf sie aufmerksam geworden waren.

Vor dem Fest hatte Smilli die beschrifteten Steine aus dem Kräuterbeet entfernt. Nun veranstaltete sie mehrere Runden »Kräuterraten«, bei dem die Erwachsenen Smillis selbst gemachte Handcreme und die Kinder Startersets zur Kräuterzucht gewinnen konnten. Pepe ging herum und ließ die Gäste Lose für eine Tombola aus einem kleinen Eimer ziehen. Als Hauptgewinn lockte eine riesige Schoko-Kirsch-Torte. Im hinteren Teil des Gartens hatte Nick zwei Cafétische aufgebaut und half dort Kindern, Steine zu bemalen und kunstvoll zu beschriften.

Smilli winkte ihm zu und die beiden grinsten sich glücklich an. So viele Leute waren noch nie in ihrem Gartencafé gewesen. Und sicher mehr als die Hälfte der Gäste hatte Smilli noch nie gesehen – was ein gutes Zeichen war. Wenn die zu neuen Kunden würden, dann hätte der Laden eine gute Chance zu überleben. Und weitererzählen würden die Gäste es hoffentlich auch, wenn es ihnen gefallen hatte. Smilli hatte schon gesehen, dass viele Frauen beim Kräuterraten dabei gewesen waren, weil sie alle so gerne die Lavendel-Handcreme gewinnen wollten.

Den Höhepunkt aber bildeten ein paar wollige Wesen: Gegen Ende des Festes marschierte Herr Blümelein mit fünf Alpakas, die von seinen Pensionsgästen geführt wurden, in den Garten. Schlagartig wurde es mucksmäuschenstill. Nur leise Ahs und Ohs waren zu hören, als die Tiere majestätisch ein paar Runden um das Kräuterbeet schritten. Viele der Gäste hatten offenbar noch nie Alpakas aus der Nähe gesehen. Die lustigen Haarschöpfe der flauschigen Tiere wippten im Takt und ihre friedlichen Blicke in die Runde schienen die Menschen zu verzaubern. Smilli sah lächelnd zu ihrer Mutter hinüber. Deren Wangen glühten so rosig wie lange nicht mehr. Und als ihre Mutter Björn einen glücklichen Kuss auf die Wange drückte, fand Smilli das gar nicht mehr so schlimm. Björn machte zwar viel Blödsinn, aber in den entscheidenden Momenten hatte sie ihn ziemlich in Ordnung gefunden.

Nachdem die Alpakas wieder hinausgeführt worden waren, verteilte Smilli Gutscheine an die Gäste: Wer im nächsten Monat einen größeren Einkauf im Fräulein PurPur machte, bekam darauf einen Stempel. Danach konnte der Gutschein dann auf Herrn Blümeleins Farm eingelöst werden – für einen Spaziergang mit den Alpakas. Alle 50 Scheine wurde Smilli schneller los, als sie gucken konnte. Was für eine tolle Aktion!

Langsam neigte sich das Fest seinem Ende entgegen, das Gartencafé leerte sich. Die letzten Kinder an Nicks Tischen steckten sich ihre bemalten Steine in die Taschen und wurden von ihren Eltern abgeholt. Smilli schlenderte zu ihrem Freund hinüber. Dabei warf sie einen verzückten Blick auf VALA, die für sie einfach die schönste Pflanze von allen war. Doch halt, was war das? War VALA schon wieder ein neues panaschiertes Blatt gewachsen? Diesmal war es sogar recht groß. Es war blendend weiß und hatte besonders klar umrandete grüne Punkte. Oder waren das etwa gar keine Punkte?!

30
Magisch!

»Nick, komm mal schnell!« Sie winkte ihrem Freund zu. »Sieh doch, diesmal sehen die Punkte nicht nur aus wie *Os* sondern ... äh ... wie ...«

»Oiaio!«, las Nick vor. »Ich meine, da steht doch eindeutig ›oiaio‹, oder?«

Smilli wuschelte sich durchs Haar, sodass ihre Locken nach allen Seiten abstanden. »Ja, aber was soll das bedeuten?«

»Lass es uns mal zusammen sagen«, meinte Nick. »Das hört sich irgendwie cool an, wie eine Begrüßung auf Indianisch oder so.«

So murmelten beide im Chor: »Oiaio, oiaio, oiaio, oiaio.«

Das hörte sich wirklich schön an!

Plötzlich rief einer der Pensionsgäste von Herrn Blümelein, der noch am Caféausgang mit anderen Gästen geplaudert hatte: »Hey, das ruft mein hawaiianischer Onkel dauernd: *'oia'i'o – ehrlich und aufrichtig sein!* Das ist ihm nämlich sehr wichtig!« Er strahlte. »Hach, ich liebe dieses hawaiianische Volk, es ist so mit der Natur verbunden. Kein Wunder, dass es dort die prächtigsten Pflanzen gibt. Und wofür die Hawaiianer ihre Pflanzen alles zu nutzen wissen – unglaublich! Es gibt dort viele, die ein Händchen für ganz besondere Züchtungen haben! Aber woher kennt ihr dieses hawaiianische Wort? Wart ihr schon einmal auf Hawaii?«

Nick und Smilli schüttelten stumm die Köpfe und sahen sich an. Erwidern konnten sie nichts. Nein, sie waren noch nie auf Hawaii gewesen!

Aber bei Smilli begann sich sofort ein buntes Gedankenkarussell zu drehen: Wenn die Wörter auf VALAs Blättern Hawaiianisch waren, kam VALA dann aus Hawaii? War die Großmutter des Kapitäns Hawaiianerin gewesen? Dann war VALA oder besser ihr Samen mit dem alten Kapitän einen weiten Weg übers Meer gereist. Und der Text in dem Kästchen war wohl auf Hawaiisch dort hineingeritzt. Smilli holte tief Luft. Verrückt, dass VALAs Motto, dem sie diente, direkt aus ihr herauswuchs! Hatte der geheimnisvolle Pflanzenmann diesen Spruch vielleicht bei der Züchtung des VALA-Samens ständig vor sich hin gemurmelt, sodass er auf diese Weise vom Samen aufgenommen worden war? Smilli seufzte.

Das würden sie wohl nie erfahren. Aber irgendwie magisch war es schon!

Nachdenklich sah sie Nick an. »Kann es sein, dass der Pflanzenmann auf Hawaii, für den die Großmutter VALAs Samen verstecken sollte, in Wirklichkeit ein *Pflanzenmagier* war?«

»Wow! Meinst du wirklich?« Nick legte den Kopf schief und betrachtete VALA im Beet neben sich. »Das würde jedenfalls erklären, warum der Samen so kostbar war, dass jemand

hinter ihm her war. VALAs Samen war bestimmt die wichtigste Züchtung des Pflanzenmanns – oder Magiers. Aber dann wäre seine Arbeit jetzt für immer verloren. Er konnte ihn ja weder einsetzen noch weiterentwickeln. Echt traurig!«

»Stimmt«, wisperte Smilli. Doch dann blinzelte sie zu VALA hinüber. Außer – ihre Knie wurden weich bei dem

Gedanken – sie selbst würde versuchen, VALA mit einer anderen Pflanze zu kreuzen. Vielleicht könnte es ihr sogar gelingen, etwas noch Einzigartigeres zu züchten? Konnte sie die Arbeit des hawaiianischen Pflanzenmagiers fortführen? Smilli wurde bei dem Gedanken ganz kribbelig. »Smilli, die Kräuterprinzessin« – vielleicht hatte ihre Mutter es schon immer geahnt. Es schien fast so, als wäre es kein Zufall, dass dieses Kästchen ausgerechnet bei ihr gelandet war. Noch war sie zwar keine Magierin, aber ein klein wenig fühlte sie sich gerade doch so.

»Fändest du es eigentlich schlimm, wenn ich Pflanzenmagierin werden würde?«, platzte es da auch schon aus ihr heraus, halb im Spaß, halb im Ernst.

»Das bist du doch längst«, gab Nick ebenfalls halb scherzend zurück.

Glücklich griff Smilli nach seiner Hand. »Los, komm, lass uns mal gucken, ob wir noch ein Stück Kuchen in der Küche abstauben können!«

»Weißt du, was ich nicht verstehe?«, murmelte Nick, als sie etwas später mit ihrem Kuchenstück im Gras lagen. »Wieso verfärbt sich VALA bei mir eigentlich nie?«

Smilli grinste. »Ich glaube, ich weiß warum: Du bist zwar ehrlich, aber du musst nicht immer sofort alles ausplaudern –

im Gegensatz zu mir. Ich bin eine Sofort-und-alles-Erzähle-
rin und damit komme ich VALA wohl extrem ehrlich vor. Sie
weiß ja nicht, dass das manchmal auch etwas anstrengend
für alle sein kann.«

Nick lachte. »Stimmt, du bist wirklich die größte Plauder-
tasche, die die Welt je gesehen hat! Und dazu noch kräuterverrückt! – Autschi! Lass das!«

Doch Smilli fand, dafür hatte er einen Rippenstoß ver-
dient. Von wegen kräuterverrückt! Sie wusste genau, dass er
ab sofort der Erste sein würde, der voller Spannung auf ihre
neueste Kräuterzüchtung wartete. Und Smilli hatte da auch
schon eine ausgesprochen interessante Idee.

Wie gut, dass noch Sommerferien waren! Zufrieden streichelten Smilli und Nick den Kater neben sich im Gras. Er
knatterte glücklich.

Rezepte
von
Smilli Green

Smillis Pfefferminz-Eistee

Zubereitungszeit: 5 Minuten

Wartezeit: 30 Minuten

Du brauchst dafür:

10 g frische Pfefferminze

500 ml kochendes Wasser

2–3 EL Honig

500 ml gekühltes Mineralwasser, sprudelnd

10 Apfelsaft-Eiswürfel

So wird es gemacht:

Wasche die Blätter der frischen Pfefferminze und lege sie in einen großen Krug. Dann bringe 500 ml Wasser im Wasserkocher zum Kochen und gieße es darüber. (Hier sollten deine Eltern dabei sein!) Gib 2–3 Esslöffel Honig dazu und verrühre ihn mit dem Wasser. Lasse alles 15 Minuten lang stehen. Nun siebe die Pfefferminzblätter heraus und lasse es 15 Minuten weiter abkühlen. Gib nun das gekühlte Mineralwasser und die Apfelsaft-Eiswürfel dazu. Falls es dir zu süß erscheint, kannst du noch einen winzigen Spritzer Zitrone mit dazugeben. Fertig!

Jetzt lass es dir schmecken so wie Smilli und Nick! :)

Smillis Lieblings-kräuterbrot

Zubereitungszeit: 30 Minuten

Backzeit: 45 Minuten

Du brauchst dafür:

400 g Dinkelvollkornmehl

400 g Weizenvollkornmehl

1 El Weißweinessig

2 gestrichene TL Salz

1 EL Zuckerrüben-Sirup

1 Päckchen Trockenhefe

6 gehäufte EL Sesam (3 EL Sesam in den Teig und

3 EL zum Verzieren obendrauf)

5 gehäufte EL Sonnenblumenkerne

(3 EL in den Teig und 2 EL zum Verzieren obendrauf)

3 EL Haferflocken

3 EL Leinsamen

800 ml lauwarmes Wasser

10 g frischen Salbei (**Achtung:** die Kräuter *vor* dem

Waschen wiegen)

10 g frischen Rosmarin

10 g frisches Basilikum

Und so wird es gemacht:

Heize den Ofen bitte nicht vor!

Wasche die Kräuter und schneide sie in winzige Stückchen.

Schütte nun alle oben angegebenen Zutaten in eine große Rührschüssel – das Wasser und die Kräuter ganz zum Schluss. Achte darauf, dass du noch 3 El Sesamkerne und 2 EL Sonnenblumenkerne so wie oben angegeben übrig behältst. Verrühre nun alles sorgfältig miteinander.

Fette dann eine große Kastenform ein und fülle den Teig dort hinein. Bestreiche den Teig mit etwas Wasser. Verteile die Sonnenblumen- und Sesamkörner obendrauf. Stelle nun die Form in den kalten Backofen und stelle die Temperatur auf 210 Grad Umluft ein.

Sobald dein Ofen anzeigt, dass die richtige Temperatur erreicht ist, beginnt erst die wirkliche Backzeit und du musst den Wecker nun auf 45 Minuten stellen. Schalte den Herd nach 45 Minuten aus und lasse das Brot noch 5 Minuten im offenen Ofen stehen.

Nimm das Brot heraus (Vorsicht: sehr heiß! Mache das nur mit deinen Eltern!) und lasse es wenige Minuten abkühlen. Dann stürze das Brot aus der Form und lasse es auf einem Kuchengitter abkühlen.

Guten Appetit!

Smittis und Nicks Lieblings-Kräuterquark

Du brauchst dafür:

15 g Schnittlauch (eine schmale Handvoll)

10 g Kresse

250 g Speisequark (Magerstufe oder mit 20 % Prozent Fett)

2 EL Milch (oder Sahne)

Eine Prise Salz und Pfeffer

So wird es gemacht:

Fülle den Quark in eine Schüssel und schütte 2 EL Milch (oder Sahne) dazu. Verrühre alles gut, bis sich eine einheitliche Masse ergeben hat.

Wasche die Kräuter und schneide sie klein. Gib den Schnittlauch und die Kresse nun zur Quarkmasse dazu und verrühre alles so lange, bis die Kräuter gleichmäßig darin verteilt sind. Würze es zum Schluss noch mit einer guten Prise Salz und Pfeffer und verrühre es erneut. Fertig. Guten Appetit!

Einfaches Lavendelöl
(für Smillis Lavendelcreme)

Du brauchst dafür:

100 ml Pflanzenöl

(z. B. Mandel-, Oliven- Kokos- oder Sesamöl)

20 g frische Lavendelblüten (getrocknete Lavendelblüten gehen auch)

1 Schraubglas

So stellst du es her:

Gib die Lavendelblüten in das Glas. Zerreibe sie dabei leicht in der Hand. Fülle das Pflanzenöl (ich nehme Mandelöl) hinein und achte darauf, dass die Blüten komplett bedeckt sind. Verschließe das Glas und bewahre es an einem warmen Ort auf (Zimmertemperatur).

Schüttle das Glas täglich leicht, damit nichts schimmelt und sich der Lavendel schön im Öl verteilt.

Nach ungefähr zwei bis drei Wochen kannst du das Öl durch ein Sieb gießen, um die Blütenreste herauszufiltern.

Fertig!

PS: Wie jedes Öl sollte auch Lavendelöl an einem kühlen und lichtgeschützten Ort gelagert werden.

Smillis Lavendelcreme
(gut zur Entspannung und gegen Mücken)

Dafür brauchst du:
100 ml *einfaches* Lavendelöl (das selbst gemachte oder
einfaches Oliven- oder Mandelöl)
10 g Bienenwachs
5 Tropfen *echtes ätherisches* Lavendelöl
(**Achtung:** kein Duftöl!)
kleine Schraubgläser oder Cremebehälter

Und so stellst du die Creme her:
Gib das Lavendelöl und das Bienenwachs zusammen in ein
hohes Glas und erwärme es in einem Wasserbad so lange,
bis das Wachs geschmolzen ist. (Mit deinen Eltern!) Dabei
rühre bitte immer wieder um. Gib nun 5 Tropfen ätherisches
Öl dazu und vermische alles gut.

Gib einige Tropfen der Mischung auf einen kalten Teller (mit
einem kleinen Löffel). So kannst du testen, ob die Salbe zu
hart oder zu weich ist: Ist sie zu weich, gib etwas Wachs
dazu. Ist sie zu fest, etwas mehr *einfaches* Lavendelöl.

Nun kannst du – zusammen mit deinen Eltern – die Laven-
delsalbe in die Gläschen füllen und abkühlen lassen.

Smillis Lavendel-Handcreme
(pflegt die Hände)

Das brauchst du dafür:

30 g Sheabutter

5 ml *einfaches* Lavendelöl (das selbst gemachte oder
einfaches Oliven- oder Mandelöl)

10 Tropfen *echtes ätherisches* Lavendelöl (kein Duftöl!)

kleines Glas oder Salbendöschen

So wird es gemacht:

Gib die Sheabutter in ein hohes Glas und bringe sie im Wasserbad zum Schmelzen. (Mit deinen Eltern zusammen!) Füge
das einfache Lavendelöl hinzu und verrühre beides miteinander. Fülle es flüssig in das Salbendöschen (oder das kleine
Glas) und tropfe am Schluss das ätherische Lavendelöl dazu.
Verschließe das Gefäß gut und schüttle es mehrmals durch.
Dann solltest du es für ca. eine Stunde abkühlen lassen.

Achtung: Die Salben und Cremes sollten nie lange in der
Hitze stehen. Damit sie sich besser halten, sollten sie zumindest im Sommer in den Kühlschrank oder kühl gelagert
werden.

Notizen

Und zum Schluss:
kleine Tipps zur ersten Kräuterzucht:

Wenn du auch Lust hast, Kräuter zu züchten – auf der Fensterbank, dem Balkon oder in einem eigenen Kräuterbeet –, kannst du gut mit Kräutern beginnen, die pflegeleicht sind und schnell wachsen. So können sie dir gleich Freude bereiten.

Solche Kräuter sind zum Beispiel: Basilikum, Kresse, Pfefferminze und Schnittlauch. So hat Smilli auch angefangen.

Du kannst dir Samen dieser Kräuter besorgen und sie in frische Erde legen. An einem sonnigen Plätzchen, zum Beispiel am Fenster, gedeihen sie besonders gut. Es sollte sich lieber keine Heizung unter den Kräuterpflanzen befinden.

Für Kresse braucht man eine eher flache Schale. Für die Aussaat aller anderen eignen sich kleine Terrakotta-Töpfe. Die kleinen Pflanzen solltest du  regelmäßig gießen, aber achte darauf, dass kein Wasser im Untersetzer zurückbleibt. Wenn sie groß genug sind: Ernte immer nur frisch nach Bedarf und nur so viel du benötigst – für ein leckeres Kräuterrezept zum Beispiel.

Ich wünsche dir ganz viel Spaß dabei!

Autorin

Anke Girod arbeitet als Lehrerin. Außerdem begleitete sie als Coach Lehrer*innen, Referendar*innen und Eltern und unterrichtete als Lehrbeauftragte an der Universität in ihrem Fachgebiet, der konstruktiven Kommunikation. Egal, ob als Lehrerin oder Autorin: Sie liebt es, Kindern Mut zu machen, an sich zu glauben und ihren ganz eigenen Weg zu finden. Anke Girod lebt mit ihrem Mann, ihren beiden Kindern und einem Kater in Hamburg.

Von Anke Girod sind bei Penguin JUNIOR erschienen:
Fridolina Himbeerkraut. Mein Freund Schnuffelschnarch
(Band 1, 30002)
Fridolina Himbeerkraut. Die Schlafanzug-Versammlung
(Band 2, 30003)
Fridolina Himbeerkraut. Nur Mut, lieber Honigdachs!
(Band 3, 30032)
Fridolina Himbeerkraut. Der Müllhörnchen-Alarm
(Band 4, 30033)

Illustratorin

Florentine Prechtel studierte in Mönchen-gladbach, Karlsruhe und Freiburg klas-sische Malerei und Bildhauerei. Nach künstlerisch spannenden und anregenden Stationen in Berlin, Barcelona und Rom illustriert sie heute Kinderbücher. Sie lebt mit ihrer Familie in Freiburg im Breisgau.

Sven Gerhardt
Mister Marple und die Schnüfflerbande

Wo steckt Dackel Bruno?
Band 1, 160 Seiten,
ISBN 978-3-570-17643-6

Die Erdmännchen sind los
Band 2, 160 Seiten,
978-3-570-17737-2

Auf frischer Tat ertapst
Band 3, 160 Seiten
978-3-570-17785-3

Ein Hamster gibt alles!
Band 4, 160 Seiten
978-3-570-17818-8

Die Schnüfflerbande, das sind Theo, Elsa und Hamster Mister Marple. Ihre Spezialität sind »tierische Angelegenheiten« aller Art, was nicht zuletzt Mister Marple zu verdanken ist, der für diese Fälle ein besonders feines Spürnäschen hat. Auch wenn Theo und Elsa total unterschiedlich sind, halten sie immer fest zusammen und können so fast jeden Fall lösen.

10416_4

www.cbj-verlag.de

Rhiannon Williams

Wild Creatures

Die Jagd von Narroway	Schatten über Fort Fiory	Die Hexe aus dem Brackermoor
Band 1, 400 Seiten	Band 2, 416 Seiten	Band 3, 384 Seiten
ISBN 978-3-570-16558-4	ISBN 978-3-570-16559-1	ISBN 978-3-570-16560-7

Ottilie und ihr jüngerer Bruder haben sich schon immer alleine durchgeschlagen. Als Gulliver eines Nachts plötzlich verschwindet, setzt Ottilie alles daran ihn wiederzufinden und macht eine schreckliche Entdeckung: Gully wurde von einer geheimen Organisation entführt, die Monster jagt. Als Junge verkleidet mischt sich Ottilie unter die Jäger auf Fort Fiory, doch sie muss schnell feststellen, dass es nicht so einfach ist, Gulliver zu befreien. Gefangen in der Festung, die sich mitten im Reich der Wild Creatures befindet, wäre ein Fluchtversuch tödlich. Während Ottilie nach einem Ausweg sucht, lässt sie sich zur Tarnung als Monster-Reiterin ausbilden – und ist gut darin. Doch wie lange wird sie ihre wahre Identität geheim halten können?

20306_3

www.cbj-verlag.de

Katrina Nannestad
Wir sind Wölfe

352 Seiten, ISBN 978-3-570-17967-3

Liesl hat ihrer Mama versprochen, auf Otto und Mia aufzupassen. Sie ist die Älteste, sie hat die Verantwortung. Um nicht der Roten Armee in die Hände zu fallen, schlagen sich die drei Geschwister im bitterkalten Winter alleine durch die Wälder und Sümpfe Ostpreußens, immer auf der Suche nach Nahrung und einem Unterschlupf für eine Nacht. Als sie eines Tages auf drei verwahrloste Jungen stoßen, die ihnen vom Kriegsende und dem Tod Hitlers erzählen, sind es auch diese drei, die Liesl die Augen öffnen: »Ihr seid wild, Wölfe wie wir.« Und Liesl muss den Jungen recht geben. In einer Welt, in der Kinder auf sich allein gestellt auf der Flucht sind, müssen sie zu Wölfen werden, um zu überleben. Wölfe lassen sich nicht erwischen. Wölfe geben aber auch nicht auf. Und manchmal geschieht ein Wunder.

www.cbj-verlag.de

10454

Penguin Random House
Verlagsgruppe FSC® N001967

1. Auflage 2022
© 2022 cbj Kinder- und Jugendbuchverlag in der
Penguin Random House Verlagsgruppe GmbH,
Neumarkter Str. 28, 81673 München
Alle Rechte vorbehalten
Lektorat: Almut Schmidt
Umschlaggestaltung: Kathrin Schüler, Berlin
Cover- und Innenillustrationen: Florentine Prechtel
aw · Herstellung: bo
Satz: Uhl + Massopust, Aalen
Druck: GGP Media GmbH, Pößneck
ISBN 978-3-570-17819-5
Printed in Germany

www.cbj-verlag.de